Christian Peters, Roland Löffler (Hg.)

Der Westen und seine Religionen

Christian Peters, Roland Löffler (Hg.)

Der Westen und seine Religionen

Was kommt nach der Säkularisierung?

HERDER

FREIBURG · BASEL · WIEN

Gedruckt auf Initiative und mit Unterstützung der
Herbert Quandt-Stiftung, Bad Homburg, und der ZEIT-Stiftung Ebelin
und Gerd Bucerius, Hamburg

Satz: Barbara Herrmann, Freiburg
Herstellung: fgb · freiburger graphische betriebe
www.fgb.de

Gedruckt auf umweltfreundlichem, chlorfrei gebleichtem Papier
Printed in Germany

ISBN 978-3-451-30372-2

Inhaltsverzeichnis

Christian Peters, Roland Löffler

Einleitung

Wer in diesen Tagen in eine gut sortierte Buchhandlung geht und sich über aktuelle kultur- und religionspolitische Diskussionen informieren will, braucht nicht lange zu suchen, um einschlägige Titel zu finden. Manche haben es als Sachbücher gar zu Bestsellern gebracht. Aus der imposanten Liste zur Verfügung stehender Arbeiten sei hier nur eine kleine Auswahl vorgestellt: Der Münchner evangelische Theologe Friedrich Wilhelm Graf erklärt in „Die Wiederkehr der Götter" den Ort der Religion in der modernen Kultur.[1] José Casanova, Religionssoziologe an der Georgetown University in Washington, D.C., geht „Europas Angst vor der Religion" nach.[2] Wolfgang Schäuble, bis 2009 als Bundesinnenminister auch für die Religionsgemeinschaften zuständig, fragt: „Braucht unsere Gesellschaft noch Religion?" Der gegenwärtig mit den Auswirkungen der Bankenkrise beschäftigte Bundesminister der Finanzen verteidigt in seinem Buch den Wert des Glaubens als wichtige Kraft, die Menschen in schwierigen Zeiten zu verbinden vermag.[3] Etwas skeptischer dagegen der Verfassungsrichter Udo di Fabio, der sich unter dem Titel „Gewissen, Glaube, Religion" Gedanken über den Wandel der Religionsfreiheit macht.[4] Noch vorsichtiger ist der Ton des Berliner Religionsphilosophen

---

[1] F. W. Graf: *Die Wiederkehr der Götter: Religion in der modernen Kultur*, München 2007.
[2] J. Casanova: *Europas Angst vor der Religion*, Berlin 2009.
[3] W. Schäuble: *Braucht unsere Gesellschaft Religion? Vom Wert des Glaubens*, Berlin 2009.
[4] U. di Fabio: *Gewissen, Glaube, Religion: Wandelt sich die Religionsfreiheit?*, Berlin 2009.

Richard Schröder, der in intensiver Auseinandersetzung mit
Richard Dawkins erfolgreichem atheistischen Rund-
umschlag[5] die „Abschaffung der Religion?" und den „wis-
senschaftlichen Fanatismus und die Folgen" diskutiert.[6]

Kurz und gut: Die „Rückkehr der Religionen", wie es
der Chicagoer Soziologe Martin Riesebrodt vor etwa
zehn Jahren formuliert hat, beschäftigt auch heute noch
die Gemüter und die Fachgelehrten unterschiedlicher Disziplinen.[7] Und dabei geht es um mehr als das, was Riesebrodt wahrscheinlich im Sinne hatte: nämlich das Erstar-
ken der religiösen Fundamentalismen differenzierter zu
erfassen, als es z. B. in Huntingtons Kulturkampftheorie[8]
geschehen ist. Die Renaissance der Religionen wird heute
nicht mehr vor allem als Gefahr für den Säkularisierungs-
prozess und für eine freie und offene Gesellschaft begriffen. Die genannten Autoren haben nicht nur die Irrationa-
lisierung und Destabilisierung der säkularen Ordnung, die
Politik, Staat und Gemeinschaft zusammenhält, im Blick.
Im Gegenteil: Religion wird immer öfter auch auf ihre
konstruktive und ordnungschaffende Qualität hin untersucht. Die Frage lautet dann nicht, ob sie gefährlich für
den sozialen Zusammenhalt ist, sondern ob und wie sie
Sinn stiften und für Zusammenhalt sorgen kann in einer
Zeit, in der die Moderne erkaltet, wie dies der Philosoph
Jürgen Habermas in seiner Paulskirchenrede 2001 präg-
nant zum Ausdruck gebracht hat.[9]

---

[5] R. Dawkins: *The God Delusion*, Boston 2006 (dt.: *Der Gotteswahn*, Berlin 2007).

[6] R. Schröder: *Abschaffung der Religion? Wissenschaftlicher Fanatismus
und die Folgen.* Freiburg i. Brsg. 2007.

[7] M. Riesebrodt: Die *Rückkehr der Religionen. Fundamentalismus und
der Kampf der Kulturen*, München 2000.

[8] S. Huntington: *The Clash of Civilizations and the Remaking of World
Order*, New York 2002.

[9] J. Habermas: *Glauben und Wissen*, Frankfurt a. M. 2001.

Dass viele prominente Intellektuelle aus dem In- und Ausland intensiv über Religion streiten und damit auch ein großes Publikum erreichen, ist ein Phänomen, das vor 20, 30 Jahren wohl kaum jemand erwartet hätte. Damals schienen sich die Analysen der klassischen Modernisierungs- und Säkularisierungstheoretiker zu bestätigen, dass in modernen Gesellschaften das Phänomen der Religion deutlich zurückgehen werde. Staat und Gesellschaft entwickeln, so der Kern der These, andere Mechanismen der sozialen Kohäsion, um die klassischen Träger von Sinnstiftung und gesellschaftlicher Verbundenheit, also die Kirchen, zu ersetzen. Im Privaten würde dann Glaube und Spiritualität weiter existieren, im gesellschaftlichen Diskurs dagegen eine zunehmend untergeordnete Rolle spielen.

Nun lässt sich kaum bestreiten, dass die Kirchen in Mitteleuropa weiterhin an Sonntagen nicht gut besucht sind und die Rede vom christlichen Abendland obsolet geworden ist. Der Begriff entstammt – dies sei nur nebenbei bemerkt – der katholischen Romantik des frühen 19. Jahrhunderts und war auch damals schon anachronistisch. Gleichwohl: Die intensiven öffentlichen Reaktionen auf den Tod Papst Johannes Paul II., die enthusiastischen Reaktionen auf den Besuch seines Nachfolgers Benedikt XVI. beim Weltjugendtag in Köln 2005, aber noch viel mehr die breiten, zum Teil überaus emotionalen und nach wie vor anhaltenden Diskussionen über die Rolle und den Weg des Islam in Europa – konkret nach den Anschlägen des 11. September 2001 – belegen, dass Religion auch hierzulande wieder ein Thema ist. In anderen Teilen der Welt, wie gerade José Casanova nicht müde wird zu betonen, ist die Debatte über Glaube, Gesellschaft und Kultur auch vor dem 11. September dagegen nie abgebrochen. Das gilt für Amerika, für Polen, Irland, Griechenland, die Türkei – und in noch viel stärkerem Maße für die Länder des

„globalen Südens". Wenn es also überhaupt eine Glaubenskrise gab (und gibt), dann in Europa, auf „God's continent", wie es der amerikanische Religionswissenschaftler und Publizist Philip Jenkins zuspitzend formulierte.[10]

Ist demnach das Säkularisierungstheorem eine sehr westliche, vielleicht sogar eurozentrische Sicht der Dinge? Sind die Verhältnisse gar nicht so einfach, dass sie sich in eherne Entwicklungsgesetze gießen ließen? Gibt es vielleicht doch eine grundlegende, ja existenzielle metaphysische Notwendigkeit? „Braucht der Mensch Religion?" – so ein Titel des Erfurter Soziologen Hans Joas?[11] Braucht er sie wieder? Oder anders? Oder ist das alles nur Trugschluss, kollektive Abwehrhaltung und etwas übereifrig vollzogene Identitätsbildung – etwa aus Angst vor einer „Islamisierung" Europas oder aber das Resultat der Desorientierung des Einzelnen bzw. sozialer Gruppen in einer unübersichtlichen und überkomplexen Welt?

Diesen und anderen Fragen sind die ZEIT-Stiftung Ebelin und Gerd Bucherius sowie die Herbert Quandt-Stiftung gemeinsam im Sommer 2009 auf einer internationalen Konferenz in Hamburg nachgegangen. Die Tagung „Beyond Secularism? The Role of Religion in Contemporary Western Societies" entstand auf Anregung von Bundeskanzler a.D. Helmut Schmidt, dem Kuratoriumsmitglied der ZEIT-Stiftung. Für die Herbert Quandt-Stiftung war die thematische Zusammenarbeit mit der ZEIT-Stiftung dabei naheliegend, da sie sich seit 1996 für den „Trialog der Kulturen" einsetzt, also für eine bessere Verständigung zwischen Juden, Christen und Muslimen. Die in Hamburg adressierten Fragen behandelt sie gegenwärtig in zahlreichen konkreten Projekten

---

[10] P. Jenkins: *God's Continent. Christianity, Islam and Europe's Religious Crisis*, Oxford 2007.
[11] H. Joas: *Braucht der Mensch Religion? Über Erfahrungen der Selbsttranszendenz*, Freiburg i. Brsg. 2004.

auf den Gebieten „Schule/Bildung" sowie „Medien als Brücke zwischen den Kulturen".

Die Ergebnisse der Vorträge und Diskussionen des Symposiums stellen wir in diesem Buch vor – ergänzt durch Beiträge von Hartmut Lehmann, Herbert Schnädelbach und Clauß Peter Sajak, die als Diskutanten in Hamburg dabei waren und die dankenswerterweise ihre Perspektiven verschriftlicht haben. Wir sind als Herausgeber froh, dass die meisten der genannten und die gegenwärtige Debatte prägenden Autoren sowohl der Einladung nach Hamburg gefolgt sind als auch sich an diesem Band beteiligt haben.

Wolfgang Schäuble breitet in seinem Beitrag zum Verhältnis von Religion, Demokratie und Gesellschaft gleich zu Beginn des Buches große Teile des Themenpanoramas aus. Er beschreibt die Verschiebung der Religionswahrnehmung, die Jürgen Habermas als „Dialektik der Säkularisierung" bezeichnet hat und erläutert aus der Perspektive des christlichen Politikers und des Juristen, welche Herausforderungen sich daraus für ein zunehmend plurales Gemeinwesen entwickeln. Die darauf folgende, trialogisch angelegte und von *Ulrich Schnabel* moderierte Podiumsdiskussion nimmt Schäubles Ideen kritisch auf und geht am konkreten Beispiel der Deutschen Islam Konferenz der Frage nach, mit welchen Problemen der Dialog von Staat und Religion im Einwanderungsland Bundesrepublik Deutschland rechnen muss – und wie diese überwunden werden können.

José Casanova reflektiert in seinem Aufsatz einige Thesen zum Prozess der Säkularisierung, die sich hinter dem Konferenztitel verbergen: Zerlegt man die Frage „Sind wir immer noch säkular?" in ihre einzelnen Bestandteile und befragt diese wiederum nach ihrer Bedeutung, kommt man zu einer Definition der Säkularisierung („Was heißt

‚säkular'?"), erfährt, welches gesellschaftliche Subjekt von
ihr betroffen ist ("Wer ist ‚wir'?") und welcher zeitlichen
Logik dieser Prozess gehorcht ("Was bedeutet ‚immer
noch'"?). Wie Casanova leistet auch *Hartmut Lehmann*
Grundlagenarbeit, jedoch nicht aus der Perspektive des
konzeptuell arbeitenden Soziologen, sondern aus der des
Historikers: Die überaus reichhaltige Quellenlage zum
Thema Migration und Religion sei bemerkenswerterweise
kaum erschlossen. Ein genauer Blick z. B. auf die komplexe Situation konfessioneller Minderheiten in der australischen oder amerikanischen Siedlungsgeschichte, ermög-
liche es, so seine These, auch aktuelle Problemlagen mit
differenzierten Begriffen zu bearbeiten und ausgewogene
Schlussfolgerungen zu treffen.

Nachdem die Dimensionen des Feldes wenn nicht kom-
plett vermessen, doch zumindest skizziert worden sind,
widmet sich das zweite Kapitel des Buches den latenten
und manifesten Konflikten, denen der Westen und seine Religionen ausgesetzt sind. *Hans Joas* verbindet in einem Aufsatz erstmals zwei seiner zentralen empirischen Arbeitsgebiete: die Soziologie der Religion und die der Gewalt.
Mit einem Blick für elementare religionstheoretische Be-
stimmungen und vor dem Hintergrund der Debatten um
das Verhältnis von Monotheismus und Gewalt entwickelt
er dabei einen Ansatz zur inner- und zwischengesellschaftlichen Friedensfähigkeit moderner Religionen.

Der religionskritische Berliner Philosoph *Herbert Schnädelbach* stellt in einem Essay die Frage nach der Kompatibi-
lität eines theokratisch strukturierten Islam und der rechtlichen Selbstverfassung säkularer Staaten. Dies führt im
Prinzip zur Frage, ob – und wie – ein aufgeklärter bzw. im
Prozess der Aufklärung begriffener Islam die Herausforderungen bewältigen kann, die ihm seine Öffnung für den Westen stellt. Muss er sich nicht von zentralen normativen Tra-

ditionen entfernen, die den freiheitlichen Prinzipien der säkularen Verfassung widersprechen?

Die in Frankreich arbeitende, türkische Soziologin *Nilüfer Göle* betont in ihrem Meinungsbeitrag zum Schweizer Minarettstreit dagegen, dass der eidgenössische Volks-
entscheid von 2009 im Kontext einer in vielen Teilen
Europas bemerkbaren Aktivierung populistischer Reflexe
stehe. Deren offensichtliches Ziel sei es, eine Anpassung
der Öffentlichkeit an den sichtbar werdenden Islam des
Westens zu unterdrücken und so eine Normalisierung im
Verhältnis von Islam und westlichen Gesellschaften zu behindern.

Ein anderes, für unsere Gesellschaft historisch nicht min-
der belastetes Verhältnis nimmt Clauß Peter Sajak, katholischer Religionspädagoge an der Universität Münster, in
den Blick: Er beschreibt die Wegmarken des katholisch-jüdischen Dialogs anhand der wichtigsten lehramtlichen Dokumente, zeigt substanzielle Annäherungen auf, verschweigt
aber auch nicht die in jüngster Zeit zu beobachtenden Rück-
schläge, die etwa mit der kirchenpolitischen Aufwertung der
Pius-Bruderschaft oder der vorkonziliaren Revision der Karfreitagsfürbitte verbunden sind. Sajak betont dabei aber
auch die Potenziale der katholisch-jüdischen Verständigung
für das interreligiöse Lernen in der Schule.

Hieran schließt der Hamburger Erziehungswissenschaftler und Theologe Wolfram Weiße an, der den Begriff
des Dialogs ebenfalls aus seinem abstrakten konzeptuellen
Rahmen befreit und für die Bildung von Jugendlichen
fruchtbar macht. Er untersucht am Beispiel des europäischen Großforschungsprojektes REDCo (Religion in Education. A contribution to Dialogue or a factor of Conflict
in transforming societies of European Countries) die Bedingungen des wechselseitigen Verstehens an jenen sozialen Schaltstellen, wo mit realistischem Einsatz die weitaus

größten und nachhaltigsten Dialogerfolge erreicht werden können: in den Schulen.

Das dritte und letzte Kapitel des Buches sucht schließlich einen eigenen Zugang zu den zuvor aufgeworfenen Fragen. Musik, Kunst, Literatur und der Film haben sich auch unter den Bedingungen einer postchristlichen Gesellschaft stets mit dem reichen Metaphernhaushalt der Religionen auseinandergesetzt. Kann man deshalb davon sprechen, dass das weite Feld der Kultur ein anderes Verhältnis zu religiösen Phänomenen besitzt als die übrigen Subsysteme der Gesellschaft? Ist die Kunst gar weniger säkularisiert? Oder sind in ihr, trotz größter Freiheit im Ausdruck, die gleichen Gesetzmäßigkeiten am Werk wie in der Ordnung der politischen und sozialen Beziehungen?

Der Beitrag des ZEIT-Stiftungsvorstands und Literaturwissenschaftlers *Michael Göring* zeigt auf, inwiefern sich in der Dichtung des 20. Jahrhunderts das Verschwinden Gottes und die fortgesetzte Entzauberung der Welt als Grundbewegung der Säkularisierung manifestiert. Göring macht deutlich, dass Lyrik ‚reagiert': Das Erkalten der Moderne, von dem schon die Rede war, zeigt sich im Gedicht gerade nach den Weltkriegen mit aller sprachlichen Wucht.

Auch in der von *Alf Mentzer* moderierten Podiumsdiskussion zwischen dem Islamwissenschaftler *Navid Kermani* und dem evangelischen Theologen *Friedrich Wilhelm Graf* geht es um das Verhältnis von ästhetisch-literarischer und religiöser Kommunikation. Nur wenige Wochen vor der Hamburger Tagung stand Navid Kermani im Zentrum der Auseinandersetzung um den Hessischen Kulturpreis, den er schließlich im Spätherbst 2009 zusammen mit dem Kirchenpräsidenten der Evangelischen Kirche von Hessen-Nassau, Peter Steinacker, dem Mainzer Kardinal und Erzbischof Karl Lehmann sowie dem Vizepräsidenten des Zentralrats der Juden in Deutschland, Salomon Korn, verliehen bekam. Die beiden Theologen hatten zuvor in einem öffentlichen Disput unerwartet heftig auf Kermanis Reflektionen über christlich-religiöse Kunst reagiert, die in der Neuen Zürcher Zeitung erschienen waren. Die Herausgeber dieses Bandes haben sich im Einklang mit dem Autor dafür entschieden, den hessischen Kulturpreisstreit nicht noch einmal eigens aufzurollen, wohl aber – und dafür sind wir Navid Kermani verbunden – die zentralen Texte abzudrucken, durch die die Kontroverse ausgelöst wurde. Den gesamten Verlauf der Kulturpreisdebatte zu dokumentieren, überlassen wir anderen. In der Diskussion zwischen Mentzer, Graf und Kermani entfaltet sich deshalb eher grundsätzlich das dichte Beziehungsgeflecht von Religion, politisch-gesellschaftlicher Moderne und Kultur.

Allen an diesem Buch beteiligten Personen, den Autoren, Lektoren, Übersetzern und den vielen Gesprächspartnern, die seinen Entstehungsprozess begleitet haben, gebührt großer Dank. Hervorzuheben seien Sabine Stadtlander, Katrin Hieke und Roman Weigand für ihre sorgfältige Lektüre und die kritischen und immer fruchtbaren Kommentare. Besonders verbunden sind wir den Mitarbeiterinnen und Mitarbeitern und den Vorständen der ZEIT-Stiftung Ebelin und Gerd Bucerius und der Herbert Quandt-Stiftung, ohne deren Hilfsbereitschaft, Einsatz und Unterstützung weder die Veranstaltung als solche noch deren Umsetzung in Buchform jemals möglich gewesen wären.

Bremen / Bad Homburg im August 2010

I. Der Westen und seine Religion(en): Erkundungen eines Spannungsfeldes

Wolfgang Schäuble

Religion, Demokratie, Gesellschaft – eine politische Perspektive

1.

Es ist noch nicht lange her, da waren sich die Experten zumindest hierzulande weitgehend einig, dass die Religion etwas sei, womit man nicht mehr lange zu rechnen habe. Besonders weit hervor wagte sich der amerikanische Anthropologe Anthony F. C. Wallace, der in den 60er Jahren die Prognose aufstellte, die evolutionäre Zukunft der Religion sei ihr Verschwinden. Mit dem globalen Zivilisationsfortschritt sei die Religion dazu verdammt, weltweit auszusterben. Andere sind nicht so weit gegangen, aber die meisten haben akzeptiert, dass die zunehmende Modernisierung zu einer Abnahme religiöser Bindungen führte und dass, wo solche Bindungen bestehen blieben, dies eine rein private und für politische Fragen letztlich unerhebliche Sache sein würde.

Die tatsächliche Entwicklung schien dieser Annahme Recht zu geben. Es war nicht nur so, dass die Mitgliedschaft in den großen Kirchen zurückgegangen ist. Dieser Prozess hält zwar schon seit längerer Zeit an, ist aber in den letzten Jahrzehnten doch deutlicher wahrnehmbar geworden. Auch die große Mehrheit derjenigen, die noch einer Kirche angehören, war der Ansicht, Religion sei vor allem eine Sache des persönlichen Glaubens, den man insbesondere aus der politischen Auseinandersetzung weitgehend heraushalten sollte.

‚Säkularisierung' war der Begriff, der diese Entwicklung zusammenfasste, die Bezeichnung für eine Entwicklung, die alle modernen Institutionen zunehmend von ihrer traditionellen Verklammerung mit religiösen Werten und Inhalten befreite. Religion in einer in diesem Sinn säkularen Gesellschaft, das sollte offenbar heißen: Religion in einem Umfeld, das in seinen wesentlichen Bezügen und Funktionen wunderbar ohne sie auskommt, für das sie bestenfalls eine Art Ornament ist, das manche Momente etwas feierlicher macht als sie es sonst wären, aber darüber hinaus eigentlich ohne Bedeutung für den wirklichen Gang der Dinge ist.

Diese Interpretation der Situation bei uns hatte auch Auswirkungen auf die Art und Weise, wie wir den Rest der Welt betrachtet haben. Es war natürlich klar, dass die Bedeutung von Religion – sei es der christlichen oder anderer – für politische Abläufe in vielen Teilen der Welt deutlich höher und oft genug von großer Bedeutung war. Es galt jedoch mehr oder weniger als ausgemacht, dass sich der Entwicklungsstand einer Gesellschaft nicht zuletzt daran zeigen sollte, wie ,säkular' sie war. Auf diese Weise wurde ein Rückstand in der Säkularisierung zu einem Aspekt von Rückständigkeit, von dem man hoffen musste, dass er – ebenso wie bestimmte ökonomische und soziale Relikte früherer Zeiten – langsam, aber sicher überwundern würde.

2.

Dieser Eindruck hat sich in den vergangenen Jahren verschoben und verändert. In den USA hat die These, dass Modernisierung und Religion nicht zusammenpassen, noch nie gestimmt. Aber es haben sich in den letzten Jahren auch in vielen anderen Teilen der Welt Modernisierungen abgespielt – in Wirtschaft und Gesellschaft. Die Demokratie hat in den letzten 15 Jahren in einer Vielzahl von Ländern Einzug gehalten, die mit diesem Gesellschaftsmodell bislang wenig oder keine Erfahrung gemacht hatten. Aber es gibt keine Anzeichen dafür, dass irgendwo außerhalb Westeuropas die Entwicklung stattfindet, die man hierzulande mit dem Begriff ‚Säkularisierung‘ im Blick hatte. Eine Ausnahme bilden vielleicht nur einige der vormals kommunistischen Länder Ostmitteleuropas, doch die haben wieder eine ganz besondere Geschichte.

Aber auch bei uns in Deutschland hat sich – wenn ich es richtig beobachte – die Diskussion in den letzten Jahren wieder verschoben. Sicherlich: Der Mitgliederschwund der großen Kirchen hält an, und auch das Nachlassen einer grundsätzlichen Alphabetisierung in der christlich-jüdischen Tradition scheint eher verstärkt. Es lässt sich jedoch auch eine gegenläufige Entwicklung feststellen: Angesichts der großen Aufgaben, vor denen unsere Gesellschaft zweifellos steht, ist vielen Menschen die Bedeutung von das Leben orientierenden Werten wieder stärker bewusst geworden. Dann kommt auch schnell die Frage: Gibt es eine letzte Instanz, vor der individuelle Entscheidungen verantwortet werden müssen? Wie setzen wir uns Grenzen, angesichts der Bedrohung, die unserer Welt und uns selbst von den anscheinend ‚unbegrenzten‘ Möglichkeiten drohen? Die Diskussion über den Gottesbezug im Vertrag von Lissabon, über Stammzellenforschung, auch – in anderer Weise – die öffentliche Anteilnahme an der Person des letzten Papstes während seiner letzten Tage deuten darauf hin, dass hier eine neue Sensibilisierung einsetzt für etwas, was für die Gesellschaft von großer Bedeutung ist. Ein besonders interessantes Beispiel dafür ist sicherlich Jürgen Habermas, der sich selbst im Sinne von Max Weber als ‚religiös unmusikalisch‘ bezeichnet und doch in zahlreichen, zunehmenden Äußerungen der letzten Jahre zum Ausdruck bringt, dass hier etwas unabgeschlossen ist, dass die Säkularisierung nicht die letzte Antwort auf die Probleme unserer Zeit sein kann. Habermas spricht in diesem Zusammenhang von einer „Dialektik der Säkularisierung". Das ist auch der Titel eines Buches, das er 2005 gemeinsam mit dem (damals noch) Kardinal Joseph Ratzinger herausgegeben hat.

3.

Übrigens belegt ja auch die Resonanz auf die zahlreichen Tagungen, die sich mit diesen Fragen beschäftigen, dass die Rolle von Religion gerade auch in unseren westlichen Gesellschaften mittlerweile wieder für wichtig gehalten wird. Und das ganz zu Recht. Dabei sind die Entwicklungen, die dazu geführt haben, dass wir uns wieder stärker mit Religion beschäftigen, nicht nur positiver Art. Die vergangenen Jahre haben eben auch deutlich gemacht, dass Religion ein Janusgesicht hat. Sie kann für die Motivation von einzelnen Menschen und Gruppen ganz Erstaunliches bewirken. Viele Aktivisten, die sich weltweit für Menschenrechte, für Umweltschutz, für Kranke oder Arme einsetzen, tun dies aus religiösen Beweggründen. Aber Religion kann auch zu fanatischer Verblendung führen, sie kann Menschen zu inhumanen Akten, zu Gewalt und Terrorismus motivieren; religiöse Konflikte können das Zusammenleben von Gesellschaften und Nationen unterminieren und zu blutigen Fehden führen. Es ist gerade diese Zwiespältigkeit der Religion für den Zusammenhalt und das Zusammenleben der Menschen – und mit diesen hat der Politiker unmittelbar zu tun –, die unserem Thema seine Dringlichkeit gibt.

Nun gibt es bei uns fast schon eine Art Tradition, die in der Religion primär so etwas wie einen Störfaktor für die Politik und eine potentielle Gefahr für die Öffentlichkeit sieht. Das ist die aus der Erfahrung der Religionskriege erwachsene Position der Aufklärung. Der von ihr angestrebte Säkularismus war oft von der Absicht geleitet, das von der Religion für die Gesellschaft ausgehende Risiko einzudämmen. Diese Position ist nicht ohne Grund entstanden, und

sie ist auch nicht einfach nur falsch. Sie hat da Recht, wo
Religion dadurch zu einer Bedrohung für das Gemeinwesen
wird, dass religiöse Kräfte das Zusammenleben der Menschen, den Zusammenhalt der Gesellschaft und das Funktionieren der Institutionen behindern oder gar zerstören.
Und man wird auch in der gegenwärtigen Situation kaum
bestreiten können, dass eine solche Gefahr besteht und
dass in solchem Falle der Staat die Aufgabe hat, die Konsequenzen mit den ihm zu Gebote stehenden Mitteln zu verhindern. Das Problem, dass Religionen zu Trennung und
Streit führen, ist für uns nicht so weit weg, wie der Hinweis
auf Konflikte des 17. Jahrhunderts suggerieren könnte.
Wenn heute vom „Krieg der Kulturen" geredet wird, dann
ist die Religion wiederum ein Hauptkampfplatz einer solchen Auseinandersetzung. Man denkt heute nicht mehr so
sehr an einen Konflikt zwischen Protestanten und Katholiken, sondern mehr an die Auseinandersetzung zwischen
christlich-jüdischer und islamischer Welt. Dieses Problem
ist längst nicht nur ein außenpolitisches. Es bezieht sich
nicht nur auf unser Verhältnis zur arabischen oder zur islamischen Welt, sondern wir müssen uns damit auch innen-
politisch auseinandersetzen.

Aber die aufklärerische Sicht auf Religion bleibt einsei-
tig, weil sie die positive Bedeutung übersieht, die der Religion auch für moderne Gesellschaften zukommt. Religion
ist und bleibt eine wichtige Ressource, aus der fundamentale Wertorientierungen entspringen. Sie ist – um eine Formulierung des kanadischen Philosophen Charles Taylor
aufzugreifen – eine „Quelle des Selbst", aus der wir schöp-
fen können, gerade angesichts der großen Herausforderungen, vor denen unsere Gesellschaft am Beginn des 21. Jahrhunderts steht.

4.

Dabei geht es nicht nur um die Überzeugung Einzelner. Religion ist wesentlich eine Sache von Gemeinschaft, und gerade in dieser Dimension ist sie in unserer immer individualistischer werdenden Gesellschaft von Bedeutung. Allein durch den Bezug auf politische Institutionen kann Identität nicht erreicht werden. Auch hier hat Habermas, wenn ich das richtig sehe, sich im Lauf der letzten Jahre ein Stück weiterentwickelt. Der „Verfassungspatriotismus" kann nicht erklären, warum Zuschauer beim Fußball, wenn Deutschland gegen Frankreich spielt, die deutsche Mannschaft anfeuern, obwohl beide Seiten doch sehr ähnliche politische Werte vertreten. Ich glaube, dass Karl Otto Hondrich Recht hatte, wenn er Identität mit Bezug auf „geteilte Gefühle" definiert: „Vom Einklang der Gefühle", so hat er einmal formuliert, „geht ein eigener Zauber aus: der Zauber der Einheit." Und tatsächlich: Wenn wir uns einem Gemeinwesen zugehörig fühlen wollen, muss es etwas geben, was uns auf einer tieferen menschlichen Ebene miteinander verbindet – auf genau der Ebene, auf der auch Religion und Glaube angesiedelt sind. Also ist in diesem Sinne auch in einem modernen, pluralen und säkularen Gemeinwesen der Beitrag der Religion wichtig.

5.

Man könnte einwenden, dass diese einigende Rolle der Religion ein Ding der Vergangenheit war, dass sie in einer Zeit zunehmend pluraler Religiosität zum Anachronismus geworden sei. Und enthält nicht Religion – gerade in ihrer pluralen Realität – zumindest ebenso viel Trennendes wie Verbindendes?

Sicherlich ist richtig, dass die von vielen so genannte „Rückkehr der Religion" nicht einfach einen Zustand wieder herstellt, wie er einmal in der Vergangenheit geherrscht hat. Wie immer man die Intensität der religiösen Entwicklung in der deutschen Gesellschaft in den kommenden 20 oder auch 50 Jahren beurteilen mag – und ich will mich auch nicht als Prophet betätigen –, es spricht praktisch alles dafür, dass es eine zunehmend plurale Situation sein wird. Es wird also, anders gesagt, keine Rückkehr zu der Zeit geben, in der der allergrößte Teil der deutschen Bevölkerung der evangelischen oder katholischen Kirche angehörte und wir zudem eine deutliche regionale Trennung hatten, wie es bis zum Ende des Zweiten Weltkriegs noch in vielen Teilen unseres Landes gewesen ist; und keine Rückkehr zu der Zeit, in der andere religiöse Gruppen, auch das Judentum oder die Freikirchen bei aller Bedeutung, die ihnen zukam, rein zahlenmäßig doch relativ kleine Minderheiten gewesen sind. Wir haben es momentan mit einem Diversifizierungsprozess zu tun, dessen Ausmaß wir gar nicht absehen können. Am meisten im Blickpunkt ist aus nahe liegenden Gründen der Islam. Auch die jüdischen Gemeinden sind in den vergangenen 15 Jahren erfreulich gewachsen. Im Übrigen ist auch zu beobachten, dass Einwanderer oft religiös sehr aktiv sind, und wenn sie nicht in bestehende deutsche Religionsgemeinschaften integriert werden, dann schaffen sie sich ihre eigenen Gruppen und Gemeinschaften.

Darin besteht zunächst einmal eine formale Herausforderung für unseren Staat. Da wir einen weltanschaulich neutralen Staat haben; da wir die Neutralität des Staates gegenüber den Religionen haben – was ganz unbestritten und unbestreitbar ist –, muss ich gerade als Innenminister sehr auf diese Neutralität und die formalen Fragen achten. Unser Rechtssystem ist hervorgegangen aus einem Staatskirchensystem, das, nachdem die Staatskirchen abgeschafft worden waren, auf die Religionsgemeinschaften insgesamt erweitert worden ist. Das war ein langer Prozess. Die evangelische Kirche, der ich zugehörig bin, hat bis nach dem

Zweiten Weltkrieg gebraucht, bis sie in ihrer Gesamtheit den demokratisch verfassten Rechtsstaat aus voller Überzeugung bejaht hat.

Die Konstruktion unseres Staatskirchenrechts hat sich schon in der Weimarer Verfassung so bewährt, dass wir sie als einzigen Teil in unser Grundgesetz übernommen haben. Die Konstruktion war, wenngleich sie durch die Erfahrung mit den beiden christlichen Konfessionen und Kirchen getragen und geprägt war, auf Pluralisierung ausgerichtet, auch wenn es für einzelne Religionen unterschiedlich schwer sein mag, den organisatorischen Rahmenbedingungen, die das deutsche Gesetzeswerk und Verfassungswerk voraussetzen, gerecht zu werden. Das Miteinander von Religion und Staat in Deutschland ist de facto lange von der engen Kooperation mit denjenigen Religionen oder Kirchen geprägt gewesen, deren Organisation es für uns relativ einfach machte, einen Ansprechpartner zu finden, den unser Staatsreligionsverfassungsrecht erfordert.

Das soll nun auch gar nicht alles anders werden. Ich bin nicht der Ansicht, dass wir die Art und Weise der Zusammenarbeit zwischen dem Staat und den Religionsgemeinschaften über Nacht umkrempeln müssen. Sie funktioniert in vielen Bereichen gut. Ich bin auch nicht der Ansicht, dass die Pluralisierung, von der ich gesprochen habe, in kurzer Zeit etwas daran ändert, dass bestimmte Religionen historisch und kulturell in unserem Teil der Welt eine besondere Rolle gespielt haben. Das sind nun einmal das Christentum und – in anderer Weise – das Judentum, mit dem uns Deutsche eine besonders schwierige und schmerzhafte Geschichte verbindet, und daran wird sich für eine vorhersehbare Zeit nichts wirklich ändern.

Aber auf dieser Grundlage muss der Staat neue Wege gehen, und die Deutsche Islam Konferenz zeigt, dass wir uns dieser Notwendigkeit bewusst sind und dass wir versucht

haben, die ersten Schritte auf diesem Weg zurückzulegen.
Das entspricht dem Wunsch von Muslimen, die gesagt haben, dass sie dieselben Rechte wahrnehmen möchten wie
andere Religionen auch. Und wenn Muslime diesen Wunsch
äußern, haben sie nach unserer Verfassung darauf einen Anspruch und der Staat muss prüfen, was er dafür tun kann.

Zu den organisatorischen Voraussetzungen gehört, dass
der Staat einen Partner auf Seiten der Religionsgemeinschaft braucht. Wenn Muslime einwenden, der Islam sei
keine Kirche und dass sie auch vom deutschen Grundgesetz
oder dem deutschen Staat nicht veranlasst werden möchten,
eine Kirche zu bilden, dann ist das in Ordnung. Und deswegen müssen wir miteinander reden, wie wir die Voraussetzungen schaffen können, dass Muslime von den Regelungen
und Institutionen unseres Religionsverfassungsrechts Gebrauch machen können.

Die ersten Schritte sind immer die schwersten. Aber wir
sind ein Land, das religiös vielfältiger wird, und der Staat
hofft auf die wert- und gemeinschaftsbildenden Kräfte aller
hier vertretenen Religionen im gemeinsamen Interesse unserer Gesellschaft. Also müssen wir darüber nachdenken, wie
wir es erreichen können, dass Menschen durch Religion sich
miteinander verbinden, und gleichzeitig vermeiden, dass
auf der Grundlage unterschiedlicher religiöser Bekenntnisse
neue Gräben aufgerissen werden. Dafür ist notwendig, dass
wir auf das sehen, was uns bei aller religiösen und konfes-
sionellen Verschiedenheit miteinander verbindet, und weniger auf das, was uns trennt.

Das ist, soweit der Staat daran beteiligt ist, kein interreligiöser Dialog. Da hat der Staat nichts verloren. Deshalb
haben wir bei der Islam Konferenz bewusst auch nicht
andere Religionen eingeladen. Vielmehr ist es ein Dialog
zwischen Staat – Bund, Länder und Kommunen – und vielfältigen Vertretern des Islam. Den interreligiösen Dialog

mögen die Religionen miteinander führen, und sie führen ihn vielfältig. Wir sind als staatliche Gemeinschaft und als Gesellschaft Nutznießer dieses Dialogs, je mehr er gelingt. Aber auch das, was wir im Verhältnis von Staat und Muslimen tun, ist von großer politischer und gesellschaftlicher Relevanz.

Zumindest die monotheistischen Religionen, das Christentum wie das Judentum und der Islam, haben den zentralen Bezug auf Gott. Bei allen großen Unterschieden im Einzelnen kommt es aus staatlicher Sicht darauf an, dass Menschen wissen, dass sie mit ihrem eigenen Leben und Tun in der Verantwortung vor einer Autorität stehen, die sie nicht selbst eingesetzt haben. Dass sie sich auf etwas beziehen, was größer ist als sie selbst. Dass da etwas ist, das von ihnen nicht gemacht, aber von ihnen zu respektieren ist. Dass es bei allem, was sie wollen und tun, nicht nur um sie selbst geht. Das hat weitreichende Folgen für politisches und gesellschaftliches Handeln. Wissen um Unverfügbares ist eine, wenn nicht sogar die beste Vorkehrung gegen totalitäre Allmacht und Machtmissbrauch. „Wo immer in der Welt einer nicht mehr weiß, dass er höchstens der Zweite ist, da ist bald der Teufel los", sagte Bischof Reinelt zum 50. Jahrestag der Dresdner Bombennacht.

6.

Der Bezug auf Gott erweist seine Bedeutung für das Zusammenleben der Menschen auch dadurch, dass er unmittelbare und direkte Folgen für das Menschenbild hat. Die Verantwortung der Menschen vor Gott ist nie losgelöst von der Verantwortung für den Mitmenschen. Das Doppelgebot der Liebe, das in der jüdischen Überlieferung und im Neuen Testament als Zusammenfassung aller Gebote gilt, verbindet nicht zufällig die Liebe zu Gott mit der Nächstenliebe. Die biblische Schöpfungsgeschichte drückt denselben Zu-

sammenhang aus, wenn sie davon spricht, dass der Mensch
nach dem Ebenbild Gottes geschaffen ist. Der Gedanke, der
in Artikel 1 unseres Grundgesetzes mit der Unantastbarkeit
der Würde des Menschen formuliert ist, hat in der verfassungsrechtlichen, politisch-sozialen Dimension eine ganz
ähnliche Bedeutung. Hier gibt es Bezüge und Beziehungen,
und wer immer versucht, den Menschen rechtlich zu definieren, dem gleitet er geradezu aus den Händen. Darin
steckt ein Stück von dem Vorgegebenen, was wir nicht aus
uns selbst heraus schaffen können, und in diesem Sinne ist
auch der Grundsatz von Artikel 1 Satz 1 unseres Grundgesetzes etwas, was unserer verfassungsrechtlichen Ordnung auch ein Stück weit vorgegeben ist. Er gilt unumstöß-
lich und ist durch keine verfassungsändernde Mehrheit zu
ändern. Das ist richtig und gut. Es ist eine Lehre, die die Väter und Mütter des Grundgesetzes unmittelbar aus den Erfahrungen des Abgrunds der Menschheit und der Zivilisa-
tion im Holocaust gezogen haben.

Unsere politische Ordnung, das, was wir oft als die
Werteordnung des Grundgesetzes bezeichnen, beruht zual-
lererst auf diesem Prinzip der Menschenwürde. Aus diesem Grundsatz sind die einzelnen Grundrechte letztlich
entsprungen, die das Fundament unserer freiheitlichen
Ordnung ausmachen. Der Artikel 1 Satz 1 ist in diesem
Sinne gar kein Grundrecht, sondern das Prinzip, aus dem
die einzelnen Grundrechte abgeleitet werden. Dazu gehört
die religiöse Toleranz, die Religionsfreiheit. Das ist ein
ganz wichtiges Grundrecht. So lässt sich aus christlicher
Sicht sagen, dass der christliche Glaube die Akzeptanz religiöser Pluralität als Teil der Achtung vor der Menschenwürde fordert. Darin ist eine Absage an den Fundamentalismus angelegt und an alle Versuche, Glaubenswahrheit
in politische Ordnung umzusetzen. Es braucht die Trennung, die in der europäischen Geschichte schon seit den

Auseinandersetzungen zwischen Kaiser und Papst angelegt ist.

Die Menschenwürde, die dem Glauben entspricht, dass der Mensch nach dem Ebenbild Gottes geschaffen ist, bedeutet, dass jeder Mensch, unabhängig von Hautfarbe, Herkunft und Religion, seine eigene, unveräußerliche und unverwechselbare Würde hat, und das bedeutet notwendig Respekt vor Verschiedenheit und damit Toleranz. Daraus leitet sich der Grundsatz der Trennung zwischen staatlicher Gewalt und religiösen Organisationen ab. Wenn Glaubensgewissheit in irdische Ordnung übersetzt würde, wäre für Toleranz kein Platz, und deshalb lässt sich die Absage an jeden Fundamentalismus in der politischen Ordnung gerade auch mit religiösen Gründen verteidigen.

7.

Der Bezug auf Gott führt jedoch nicht nur zum Gedanken der Menschenwürde und dem Toleranzprinzip. Er kann den Menschen auch davor bewahren, sich selbst zum Maß aller Dinge zu machen. Der Mensch braucht Grenzen. Er braucht Grenzen im Interesse seines eigenen Menschseins, seiner Humanität. Auf diese Grenzen kann ihn der Bezug auf ein transzendentes Wesen aufmerksam machen. Diese Einsicht ist für unsere heutige Welt vielleicht überlebenswichtig. Wir Menschen lernen in ungeheurer Geschwindigkeit hinzu. Wissenschaft und Technik ermöglichen Dinge, von denen man vor wenigen Jahrzehnten noch nicht einmal träumen konnte. Man muss nur die Begriffe Biotechnologie, Nanotechnik und Astrophysik nennen. Die globalisierte Wirtschaft produziert eine sich permanent wandelnde Welt und gibt dem Menschen erstaunliche Instrumente an die Hand, damit wir unser Geschick und das der Erde in die Hand nehmen.

Aber wir Menschen bleiben ambivalent. Die Größe des Menschen ist gleichzeitig sein Verhängnis. Sein Streben führt ihn zu neuen und höheren Einsichten, aber auch zu Neid und Missgunst, Habgier und Streit. Im Krieg sehen wir die „Wolfsnatur" des Menschen in ihrer zerstörerischen Wirklichkeit. Wir hatten leider in den letzten Jahren mehr als genug Gelegenheit, Zeuge davon zu werden. Und die militärische Auseinandersetzung ist nicht die einzige Gelegenheit, bei der sich das Fragwürdige, ja Gefährliche am Menschen ohne Maß zeigt. Für uns ist mindestens genau so wichtig die Bedrohung, die für Mensch und Welt von einer ungezügelten Erwerbswirtschaft ausgeht. Das haben wir gerade in den vergangenen Monaten in aller Deutlichkeit gesehen. Es zeigt sich eben auch in der Wirtschaft der Mensch als Wolf, wenngleich meist ohne Blutvergießen. Es kommt für unsere Zukunft entscheidend darauf an, dass wir uns selbst wieder und wieder Zügel anlegen. Marktwirtschaft ist unverzichtbar, aber ein unregulierter Markt ist offensichtlich unmenschlich.

Noch einmal: Der Mensch braucht Grenzen, die er sich selbst in Freiheit setzt. Eine wichtige Motivation für ein solches freiwilliges Akzeptieren von Grenzen kann der Bezug auf Gott sein. Das Wissen von etwas Unverfügbarem ist eine Vorkehrung gegen Übermaß, Allmachtsphantasie und Machtmissbrauch.

8.

Die Frage nach der Rolle der Religionen in der Welt ist auch in den westlichen Gesellschaften am Beginn unseres 21. Jahrhunderts völlig offen. Wir stehen heute vor der Herausforderung, neue gesellschaftliche und politische Antworten auf eine Situation zu finden, in der die Antworten des Säkularismus nur noch bedingt weiterhelfen. Aus der traditionellen Dominanz einiger oder weniger Religionen ist eine Vielfalt von Religionen geworden; wenn es eine „Rückkehr der Religion" auch in Westeuropa gibt, dann zweifellos in einer vielfältigeren, pluralistischeren Form als wir das in der Vergangenheit hatten. Darin liegen Gefahren, aber auch Chancen. Die Pluralität von Religionen kann zu neuen gesellschaftlichen Konflikten führen, Religionen können aber auch jeweils für sich und gemeinsam mit anderen wichtige Grundlage und Stütze individueller und gesellschaftlicher Werte sein. Angesichts der großen Veränderungen unserer Zeit ist zu vermuten, dass das Bedürfnis nach Orientierung eher zunehmen wird. Hier können Religionen in ihrer Pluralität und ihrer Gemeinsamkeit wichtige Kräfte sein, um Orientierung, Stabilität, Begrenzung und Nachhaltigkeit zu vermitteln.

Es kommt darauf an, dass es uns gelingt, in Religionen die motivierenden und persönlichkeits- sowie gemeinschaftsbildenden Kräfte zu mobilisieren. Wenn uns das gelingt – ich bin überzeugt, dass es uns gelingen kann –, dann ist das eine wichtige Bedingung für den politischen und gesellschaftlichen Erfolg, den Deutschland und Europa im 21. Jahrhundert haben können.

Lale Akgün, Dan Diner, Friedrich Wilhelm Graf,
Wolfgang Schäuble

„Wir werden lernen müssen, mit fundamentalen Konflikten gelassener umzugehen." – Ein Trialog zu Religion und Pluralismus[1]

(Podiumsdiskussion, moderiert von Ulrich Schnabel)

U. Schnabel: In seinem einführenden Beitrag hat Minister Schäuble davon gesprochen, dass der Bezug auf Gott eine der besten Vorsichtsmaßnahmen sei, die sich eine Gesellschaft und ein Staat zum Schutz vor politischer Totalität und Machtmissbrauch geben könne. Frau Akgün, als Kultur-Muslimin – so haben Sie sich in unserem Vorgespräch beschrieben – würden Sie diese Äußerung stützen oder sehen Sie das kritischer?

L. Akgün: Ich sehe das in der Tat etwas kritischer. Herr Schäuble hat ja ausgeführt, dass in Gottes Namen Missbrauch getrieben wird. Viele gegenwärtige Erfahrungen, aber auch die Geschichte lehren uns doch, dass es durchaus von Vorteil ist, in einer säkularen Gesellschaft zu leben, in der die Menschen gleiche Rechte haben und aus freien Stücken und zwanglos gesellschaftliche Bezüge bilden können. Was sich aber aus Herrn Schäubles Einlassung ableiten lässt, also eine quasi zweigeteilte Welt, in der die Gläubigen vor Machtmissbrauch geschützt und die Nicht-Gläubigen die-

---

[1] Stark gekürzte und überarbeitete Wiedergabe der Podiumsdiskussion vom 9. Juli 2009 in Hamburg. Zeitbezogene Ausführungen wurden bewusst beibehalten.

ser Gefahr ausgesetzt sind – diese Einschätzung teile ich so nicht. Die Dinge sind doch viel komplexer. Nicht erst seit der Renaissance gilt, dass der Mensch mit seiner eigenen Urteilskraft, mit der ihm gegebenen Vernunft das Maß aller Dinge sein muss.

W. Schäuble: Natürlich sind auch diejenigen, die nicht an Gott glauben, in unserer Ordnung zuhause, und natürlich ist Religion selbst ambivalent, muss differenziert betrachtet werden. Aber ich bleibe dabei: Was das Grundgesetz im Passus „in der Verantwortung vor Gott und den Menschen" formuliert – das ist eine wirksame Rückversicherung gegen jede Form der Übersteigerung und Selbstüberschätzung und gegen die Versuchung, der wir ja immer wieder unterliegen.

Ich habe mich intensiv – auch von Amts wegen – mit den Problemen des Dopings im Sport beschäftigt, und man könnte verzweifeln, wie vieles durch die Maßlosigkeit der Einzelnen kaputt gehen kann. Oder denken Sie an die Krise an den Finanzmärkten. Ohne den Verweis auf diese Haltlosigkeit im Handeln ist doch gar nicht zu erklären, wie erwachsene Menschen, die exzellente Ausbildungen genossen haben und eigentlich aufs Beste darauf vorbereitet sein müssten, Konsequenzen und Ursachen abzuwägen, um letztlich Erfolge zu sichern, Dinge veranstalten können, die nachweislich nicht viel intelligenter sind als vor Zeiten die Tulpenzwiebelspekulation in Holland. Das lässt mich schon zweifeln. Der Mensch ist offensichtlich immer in Versuchung. Auch in Bezug auf die schwierigen Fragen im politischen Bereich, wenn wir etwa im Parlament anspruchsvolle ethische Debatten führen und es beispielsweise um Stammzellenforschung oder dergleichen geht, bin ich der Meinung, dass ein religiöser Bezug eine sehr gute Rückversicherung gegen diese Versuchungen zur Übertreibung, zur Übersteigerung, zur Maßlosigkeit ist.

U. Schnabel: Herr Diner, Sie kommen aus einem religiösen Kontext, der bekannt ist für seine intensive Diskussionskultur. Das Judentum ist die Glaubensrichtung, die den konstruktiven Streit vielleicht am meisten pflegt. Welchen Blick haben Sie denn auf die Fähigkeiten der Religion, stabilisierend zu wirken? Wie steht es mit der Fähigkeit und Bereitschaft der Religionen, aufeinander zuzugehen oder sich im Streit in einem positiven Sinne miteinander zu beschäftigen?

D. Diner: Erlauben Sie mir zuerst ein Staunen über die Zuordnung meiner Person, dass ich hier offensichtlich als Vertreter einer Religion gesehen werde. Das war mir so nicht ganz klar, und ich frage mich, ob Herr Graf zum Beispiel als Protestant oder als Religionswissenschaftler protestantischer Herkunft eingeladen wurde. Für mich ist diese Kategorisierung relativ neu. Natürlich will ich das nicht von mir weisen, um Gottes Willen, und natürlich will ich hier auch nicht zum Ausdruck bringen, dass ich mit der jüdischen Gemeinschaft nicht in Verbindung stehe – aber ich hätte mich aus verschiedenen Gründen außerhalb meiner Expertisen, die ja weitestgehend bekannt sind, nicht als Vertreter eines Glaubens zu erkennen geben wollen. Dennoch fällt mir auf, dass seit einiger Zeit in vergleichbaren Situationen immer wieder auf die Embleme meiner Herkunft bzw. meiner Religionszugehörigkeit angespielt wird. Da ist etwas Neues im öffentlichen Raum zu spüren, da verändert sich gerade das Klima dieses Landes, wird religiöse Herkunft offensichtlich zunehmend wichtiger.

U. Schnabel: Ich kann auch die Frage zurücknehmen und sagen: Sie als Historiker …

D. Diner: Nein, ich möchte auf keinen Fall zurücknehmen, was ich gerade gesagt habe. Ich möchte vielmehr darauf verweisen, dass in diesem Land die Semantiken an der Schnittstelle von Religion und Politik in irgendeiner Weise durcheinandergeraten sind. Denken Sie an den Skandal um den Hessischen Kulturpreis. Und denken Sie an seine Konsequenzen, an die Versuche der Lösung des Konflikts, an den Reflex, Amtsträger mit Intellektuellen zusammenzuführen und miteinander über Toleranz reden lassen zu wollen. Das ist doch ein gewaltiges Missverständnis. Über was reden wir denn da? Reden wir über Theologie? Da wäre Herr Graf gefragt. Reden wir über Religiosität? Da wären Soziologen und Kulturwissenschaftler gefragt. Reden wir über andere Fragen der kulturellen Zugehörigkeit, die Muslime für sich in Anspruch nehmen können? Das sind alles voneinander zu unterscheidende Ebenen. Selbstverständlich hat Herr Schäuble Recht: Der öffentliche Raum muss sich diesen Fragen stärker öffnen. Aber auf welche Weise soll er das tun, wie sollen die Regularien aussehen? Wie lässt sich die Frage der Beteiligung lösen, welche Körperschaften, welche Individuen, ja, welche Kulturen kommen zur Sprache? Alle diese Fragen sind von höchster Bedeutung und für dieses Land, so glaube ich, eben auch noch an den einfachsten Zuordnungsunsicherheiten zu entdecken, noch keine Selbstverständlichkeit.

U. Schnabel: Damit sind wir schon mitten im politischen Themenbereich: Vor wenigen Tagen ist in Berlin die Deutsche Islam Konferenz zu Ende gegangen. Frau Akgün, Sie wurden in der ZEIT mit dem Satz zitiert, außer Spesen sei da nichts gewesen. Ist das nicht ein etwas zu hartes Urteil? Auch wenn das Abschlussdokument nicht den verbindlichen Charakter hatte, den sich mancher vielleicht gewünscht haben mag – immerhin ist es gelungen, die Muslime zu einem Gespräch im öffentlichen Raum zusammenzubringen, und es ist ja so, dass jeder Dialog seinen Anfang braucht.

L. Akgün: In Köln, wo ich herkomme, da sagt man: „Mer muss och jönne könne." Ich gönne ja den Leuten ihren Spaß, dass sie zusammenkommen, dass sie ihre Freunde treffen und so weiter. Aber genau das ist auch das Problem der Islam Konferenz: Es treffen sich dort Leute als Vertreter des Islam, die tatsächlich nur den Verbänden vorstehen. Diese haben sich aber ohne wirkliche Legitimation gegründet. Wer repräsentiert denn da? Muss ich nicht sagen: „Bitte, wenn du für die Muslime sprechen willst, dann belege mir doch, dass du eine anerkannte Religionsgemeinschaft bist. Das nachzuweisen – dafür gibt es in diesem Land einfachste Regeln. Bring einfach mal die Mitgliederlisten vorbei. Zeige, dass du verfasst bist und auch, dass du mit der Verfassung übereinstimmst. Dann können wir darüber reden."

Aber was ist passiert? Man diskutierte über das Grundgesetz! Das kann doch gar nicht sein. Unsere Verfassung trägt die Grundwerte der politischen Überzeugung in sich, die dieses Land zusammenhalten. Das muss die Voraussetzung eines Gespräches sein und kann nicht als Ergebnis desselben behandelt werden! Und sich von einer Auseinandersetzung zwischen Vertretern der türkischen Gemeinde und Leuten, die sich als Islamkritiker verstehen, zu versprechen, dass daraus eine Veränderung der Einstellung zum Islam in Deutschland resultieren könne – das halte ich für höchst illusorisch. Der Islam ist in diesem Land noch nicht akzeptiert, und daran wird die Islam Konferenz aller Voraussicht nach auch nichts ändern.

U. Schnabel: Was hätte man denn stattdessen tun sollen? Hätte man die Konferenz bleiben lassen oder sie auf eine andere Art und Weise machen sollen? Es liegt doch auf der Hand, dass es ein Gesprächsbedürfnis gibt.

L. Akgün: Ich glaube, zwei Dinge wirft man hier gehörig durcheinander: Auf der einen Seite gibt es einen politischen Regelungsbedarf, den der islamische Glauben mit sich bringt. Auf der anderen Seite stehen die ganz konkreten Probleme der Muslime *als* Muslime. Das wird oft in einen Topf geworfen, gehört aber voneinander getrennt. Die Probleme der Muslime sind genau die gleichen Probleme, die Christen, Juden, Atheisten und Buddhisten und so weiter haben. Regelungsbedarf, auf der anderen Seite, entsteht vor allem in Bezug auf das, was Muslime gesellschaftlich für sich in Anspruch nehmen wollen, also die großen Themen, die auch in den Zeitungen immer wieder diskutiert werden und die gegenwärtig so viel Staub aufwirbeln: der Religionsunterricht, der Moscheenbau etc. Das sind, wenn man es genau betrachtet, keine muslimischen Probleme, sondern eher strukturelle Fragen, in denen es um das kulturelle Miteinander und die politische Umsetzung davon geht. Was müssen wir regeln? Wir müssen den islamischen Religionsunterricht regeln! Sollte man diesen Fragen aber nicht vor Ort begegnen, in den Gemeinden oder auf der Länderebene? Stattdessen heißt es überall: „Endlich findet der Dialog mit den Muslimen statt!" Damit kann ich nicht viel anfangen. Schauen Sie sich doch Brennpunktgebiete in Köln oder in Berlin an, die Segregation, das Auseinanderfallen der Gesellschaften. Wo ist da ein Dialog?

W. Schäuble: Lassen Sie mich noch einmal für alle hier Anwesenden erklären, was die Islam Konferenz erreichen möchte und wie sie zustande gekommen ist: Die erste und entscheidende Frage war, mit wem wir eigentlich reden wollten und sollten. Hier stachen die Verbände ins Auge, die zwar nur etwa zehn Prozent aller Muslime, die in Deutschland leben, repräsentieren, was aber immerhin ein Anfang war. Dabei sollte es natürlich nicht bleiben. Auch andere Stimmen wollen gehört werden – aber wie sucht man diese aus? Personen wie der Islamwissenschaftler Navid Kermani oder die kritische Frauenrechtlerin Necla Kelek sind in der öffentlichen Debatte hervorgetreten und taten der Sache, also der Grundbewegung des Dialogs, auch inhaltlich gut.

Ein erstes Etappenziel des noch jungen Gesprächs war, dass die muslimische Community überhaupt erst einmal ihre eigene Vielfalt akzeptieren konnte, dass Herr Kizilkaya vom Islamrat für die Bundesrepublik Deutschland und Frau Kelek stundenlang im selben Raum sitzen konnten und es ertrugen, dass der oder die Andere etwas ihrer Meinung nach völlig Unzumutbares sagte. Zugleich galt es, das Freiheitsgebot und das Selbstbestimmungsrecht der Muslime zu wahren – was wiederum als Signal in die muslimische Gemeinde hinein funktioniert. Wem selbst das Recht der freien Meinungs- und Glaubensausübung gewährt wird, der kann dieses Recht auch besser gewähren. Nur auf diese Weise wird klar, dass unsere freiheitliche Ordnung in einem Umfeld gesellschaftlicher Ambivalenz eine gute Ordnung ist. So kam es, dass der Innenminister einen Satz sagen durfte, der eigentlich nur eine Banalität war, aber als einer der wichtigeren Sätze dieser Legislaturperiode im Gedächtnis bleiben könnte: „Der Islam ist ein Teil unseres Landes."

Dieser Befund erfährt Zustimmung. Der Widerstand gegen den Neubau von Moscheen wird geringer, auch in Köln, auch in Berlin. Wir haben uns gemeinsam auf den Weg gemacht, Muslime und Nicht-Muslime. Überall in Europa und in der islamischen Welt, in der Türkei, in Ägypten, in Syrien, in Saudi-Arabien und auch in Indonesien besteht ein großes Interesse an dem, was gerade in Deutschland geschieht. In aller Welt sieht man: Die Menschen dort bemühen sich, – auch und gerade vor dem Hintergrund ihrer durch das Christentum geprägten Vergangenheit –, neue

Lösungen für das 21. Jahrhundert zu schaffen. Sie haben diese zwar noch nicht gefunden, aber sie bemühen sich darum. Auch aus diesem Grund bin ich stolz darauf, dass der Prozess in Gang gekommen ist.

U. Schnabel: Um zu vermeiden, dass wir hier ins Fahrwasser einer allzu politischen Diskussion kommen, frage ich Sie, Herr Diner, als Historiker: Wenn Sie sich über einen längeren Zeitraum solche tagespolitischen Ereignisse anschauen – würden Sie sagen, so etwas wie die Islam Konferenz war unumgänglich, und es ist gut, dass Deutschland diesen Schritt gegangen ist? Oder teilen Sie das Argument gegen die Konferenz, durch die Sichtbarmachung würde der Islam sozusagen zur Problemreligion erklärt, im Sinne von: „Der Islam ist so problematisch, dass man sich mit ihm gesondert beschäftigen muss …"

D. Diner: Nein, so würde ich das nicht sehen. Unterschiedliche europäische Staaten haben unterschiedliche Kulturen im Umgang mit Religion und auch mit den jeweiligen kirchlichen Einrichtungen entwickelt. Dass Deutschland in diesem Konzert konfessionell geprägt ist, im Unterschied etwa zu Frankreich oder zu anderen Ländern, liegt ja auf der Hand. Die deutsche Geschichte der letzten Jahrhunderte ist in großen Teilen auch Konfessionsgeschichte, und Konfessionskriege überlagern sie wie Mehltau. Erst nach 1945, mit der Ansiedlung von Flüchtlingen und allem, was damit einherging, hat sich diese konfessionelle Struktur etwas gelockert und neu gemischt. Und die nächste Herausforderung ist auch schon die aktuelle, dass wir also jetzt eine Einwanderung wahrnehmen, vor allem aus muslimischen Gemeinwesen, die im Umgang mit der gesellschaftlichen Religiosität eben nicht über eine korporative Tradition verfügen.

Das ist ein ganz wichtiger Punkt. In der Islam Konferenz geht es darum, Verbände in Korporationen zu verwandeln. Es gilt, diese Interessen auf freiwilliger Basis in gesellschaftlich-politische Aufgabenfelder einzubinden und damit auch gegenüber den staatlichen Ordnungsprinzipien zu verpflichten. Das ist ein richtiger Schritt, gar keine Frage. Ob er unmittelbar gelingen wird, ist aber nicht ganz klar. Vielleicht regt sich großer Widerstand, vielleicht tauchen Fragen auf: „Jetzt soll ich Mitglied einer Korporation werden? Wer verfügt denn darüber? Wird über mich direkt verfügt oder indirekt, über muslimische Geistliche? Woher kommen die denn?" Das sind alles gewichtige Probleme. Es muss jedoch klar sein, dass die Entwicklung im Rahmen einer durch und durch korporativen Ordnung vollzogen wird, auf die auch unsere Verfassung reagiert. Muslime werden, wenn man so will, hier in Deutschland noch einmal neu erfunden. In vielerlei Hinsicht: Es ist ja auch höchst ungewöhnlich, dass Personen, die aus muslimischen Ländern kommen und dort unter Umständen als säkular oder ultrasäkular angesehen wurden, sich hier plötzlich als Muslime verstehen müssen, wenn sie sich öffentlich artikulieren wollen.

Selbstkritisch wären außerdem zwei Dinge zu hinterfragen: Herr Schäuble wies drauf hin – und dem kann man nur folgen –, dass unser Staat ein neutraler Staat ist. Ich würde es vielleicht sogar noch anders ausdrücken: Er ist ein neutralisierender Staat. Bestimmte Dinge, die im öffentlichen Raum nicht artikulierungsfähig oder repräsentationsfähig sind, verlagert er in die Privatsphäre bzw. überlässt sie Verbänden und anderen Formen der kooperativen Ordnung. Das ist nur gutzuheißen.

Wir dürfen aber *erstens* nicht übersehen, dass unsere politische Ordnung und unsere politischen Begriffe letztlich christlich *und* säkular imprägniert sind. Anders gesagt:

Vermeintlich säkulare Begriffe erscheinen Menschen aus einer anderen Ordnung, also etwa der muslimischen, fremd und unter Umständen christlich, obwohl wir selbst meinen, dass sie vollends säkularisiert seien. Ich will jetzt nicht zu weit in die politische Theorie und Philosophie zurückgehen, aber in einem der grundlegenden Werke der gesellschaftlichen Neutralisierung von Religion, dem „Leviathan" von Thomas Hobbes, heißt es fast vierzigmal, „that Jesus is the Christ". Es gibt hier offensichtlich Voraussetzungen, die nicht hinterfragt werden dürfen. Wie sich Jesus als Messias in der politischen Ordnung ausdrückt, sozusagen im Verborgenen, im Verstellten, was wir gar nicht mehr wahrnehmen – das ist für Menschen aus einer anderen Kultur unter Umständen deutlich sichtbar. Dann die Frage der Gewaltenteilung. Was heißt hier Gewaltenteilung? Im Iran gibt es diese nicht, die iranische Verfassung unterläuft sie ganz bewusst, indem eine demokratische und eine ideokratische Ordnung miteinander so verklammert werden, dass wir heute gar nicht so recht wissen, wo die Macht letztendlich liegt.

All das führt doch, *zweitens,* dazu, dass wir unser eigenes Säkularisierungsverständnis noch einmal neu zu reflektieren haben. Wenn Sie mich jetzt fragen, würde ich sagen: Die Säkularisierung muss mit Zähnen und Klauen verteidigt werden. Aber gleichzeitig müssen wir wissen, dass unsere Säkularisierung vor einem gewachsenen kulturellen Hintergrund stattfindet. Wir müssen uns dann fragen: Welche Räume können wir öffnen, damit Menschen aus einer anderen Kultur mit völlig anderen Imprägnierungen theologischer oder religiöser Art hier ihren Platz finden können? Wir müssen den öffentlichen Raum verteidigen, ja, und wir müssen ihn auch öffnen. Aber wie weit öffnen? Welche Regularien existieren, um diese Öffnung zu verhandeln? In diesem Sinne steht auch unser säkularisiertes Gemeinwesen vor sehr entscheidenden Fragen. Wir müssen uns alle aufs Neue darüber klar werden, wer wir sind, und die Muslime erscheinen uns sozusagen als unsere eigene Frage, aber in anderer Gestalt.

U. Schnabel: Herr Graf, vor einiger Zeit haben Sie einmal gesagt, dass Sie den Dialog über Religionen, wie er in Deutschland geführt wird, mitunter für naiv halten, da viele Dinge auf klischeehafte Art und Weise angesprochen werden. Wenn ich aufgreife, was Herr Diner gerade sagte, dass die vermeintlich eindeutigen Grundbegriffe des Miteinanders in unterschiedlichen Kontexten der kulturellen Herkunft sehr unterschiedlich aufgegriffen werden und man in entsprechenden Situationen nur scheinbar über dasselbe redet – was heißt das für den interreligiösen Dialog? Kann man dieses Gespräch überhaupt führen? Muss man nicht erst einmal eine Selbstbestimmung vornehmen, um Begriffe zu definieren und kenntlich zu machen, die zwar selbstverständlich genutzt werden, für andere aber gar nicht anschlussfähig sein könnten?

F. W. Graf: Ich würde gerne noch einen Satz zu dem Thema Islam Konferenz sagen, nur eine kurze politische Bemerkung. Mit der Islam Konferenz hat diese Gesellschaft endlich anerkannt, dass sie eine Einwanderungsgesellschaft ist. Das ist im politischen Betrieb der Bundesrepublik viel zu lange ignoriert worden. Jetzt sind wir in der Realität angekommen, und was auch immer im Einzelnen verhandelt worden ist – das Ganze ist in meinen Augen eine wichtige und richtige Entscheidung gewesen.

Zum religionspolitischen und religionskulturellen Diskurs in der Bundesrepublik: Wir haben einen bestimmten Bestand an Formeln, und zu einer der beliebtesten dieser Formeln gehört die Rede von der weltanschaulichen Neu-

tralität des Staates. Die Frage ist aber, welches die kulturellen Voraussetzungen dieser weltanschaulichen Neutralität
sind und ob Menschen, die aus anderen Kulturen hierher
kommen, diese religiöse weltanschauliche Neutralität des
Staates überhaupt als solche erfahren. Das kann in vielerlei
Hinsicht bezweifelt werden.

U. Schnabel: Herr Schäuble, Sie haben gesagt, dass der Staat
auf das Wertefundament vorrechtlicher Gemeinschaften angewiesen sei. Bisher hat man diese Feststellung immer so
verstanden, dass das europäische Selbstverständnis un-
trennbar mit einem christlichen Wertesystem verbunden
sei. Irritationen in Bezug auf andere Religionen hinsichtlich
der eigenen kulturellen Herkunft sind da doch gewissermaßen vorprogrammiert. Lässt sich dieser Konflikt ausbalan-
cieren? Und wenn ja, wie? Oder ist der Staat der Gegenwart
ganz zwangsläufig dem Konflikt der Religionen ausgesetzt?

W. Schäuble: Ich will den Satz kurz erklären: Im Grunde ist
er ja nur eine Umschreibung dessen, was wir alle in der
klassischen Version von Böckenförde schon gelesen haben,
dass der freiheitliche Verfassungsstaat auf Voraussetzungen beruht, die er um der Freiheit willen nicht selbst zu er-
schaffen vermag. Lassen Sie uns jetzt noch dazu nehmen,
was Herr Diner eindrucksvoll aufgezeigt hat, dass unsere
ganze kulturelle, soziale, zivilisatorische und damit auch
unsere verfassungsrechtliche Geschichte in einem stärkeren
Maße durch das Christentum geprägt ist als durch irgendetwas anderes. Das hat man auch schon als unsere christliche Alphabetisierung bezeichnet. Jetzt kommt also etwas
Neues hinzu, und das ist genau die große Herausforderung, vor der wir stehen.

Eine spannende Frage wird dabei sein, wer oder was
durch das Aufeinandertreffen mehr verändert wird. Ich

sage Ihnen, dass Deutschland nicht das letzte Land ist, welches durch diesen Prozess geht – und auch nicht das erste. Auf die Idee zur Islam Konferenz bin ich überhaupt erst in Diskussionen mit meinem damaligen französischen Kollegen gekommen. Sie werden sich vielleicht daran erinnern, dass Nicolas Sarkozy in Vorbereitung auf seine Präsidentschaftskampagne ein Buch geschrieben hat, in dem sich die Kernaussage fand, dass Frankreich sein Verständnis von Laizismus überdenken müsse, weil man damit den Herausforderungen der Gegenwart in Frankreich nicht mehr begegnen könne.

Ich fragte ihn, was sein Konzept sei, und er hat mir von einem neugegründeten nationalen Islamrat berichtet. Jede Moschee des Landes entsendet dafür zwei Vertreter. Mir war schnell klar, dass das in Deutschland nicht funktionieren kann, da es im Prinzip gegen alle Regeln und Begrenzungen unserer Verfassung verstößt. Letztlich ist der französische Ansatz auch nicht wirklich erfolgreich gewesen, und man diskutiert heute, ob das deutsche Konferenzmodell nicht sogar besser geeignet sein könnte, als eine von Staats wegen verordnete Versammlung *aller* Muslime. Zweifellos aber wird diese Debatte in Europa weitergehen, und wenn wir uns dem stellen und damit erfolgreich sind, denke ich, dass viele Menschen das Modell auch für die islamische Welt interessant finden könnten.

L. Akgün: Lassen Sie mich noch ein, zwei Sätze mehr zum Verhältnis von Religion und Politik sagen. Es ist in der Tat interessant, dass ein Großteil des Regelwerks in diesem Land auf zwei Konfessionen aufgebaut ist. In der deutschen Geschichte ging es immer wieder darum, diese beiden christlichen Glaubensrichtungen gerecht zu behandeln oder einen Ausgleich zwischen ihnen zu schaffen. Jetzt sind wir aber zu einem Einwanderungsland geworden, und es kommt nicht nur eine dritte Religion hinzu. Nein, noch weitere Religionen werden folgen. Wir werden noch viel mehr Zuwanderung haben, und die kann eigentlich nicht innereuropäisch sein, weil viele Länder dieses Kontinents unter vergleichbaren demographischen Entwicklungen zu leiden haben. Wir sehen also aller Wahrscheinlichkeit nach Migrationsströmen aus Afrika und aus Asien entgegen, und so werden in den nächsten Jahren auch andere Religionen nach Deutschland kommen – mehr Buddhisten, mehr Hindus, auch andere christliche Gruppen.

Die Aufgabe, die ich als Politikerin habe, ist nun darüber nachzudenken, wie und welche Rahmenbedingungen erzeugt werden können, unter denen alle diese Religionen in Äquidistanz zum Staat stehen, ohne dass das deutsche Modell der Verschränkung von Kirchen und Staat im Wesentlichen gefährdet wird. Im Moment gilt die Suche nach der richtigen Balance nur den beiden christlichen Konfessionen. Es wird aber viel komplizierter werden, wenn drei, vier oder fünf große Religionen Ansprüche stellen.

Damit ist nicht die Frage zu verwechseln, ob ich als Politikerin dazu berufen bin, Religionsgemeinschaften anders zu gestalten. Mir wird beispielsweise immer gern die Frage gestellt: Ist der Islam mit dem Grundgesetz kompatibel? Das interessiert mich doch gar nicht, da ich einen ganz anderen Ansatz vertreten möchte. Jeder Mensch in Deutschland ist ja nicht nur eine religiöse – oder eben nichtreligiöse – Person, sondern auch politischer Bürger, der sich der Grundordnung unterwirft. Also ist es nicht die Frage, ob irgendeine Religion qua definitione mit dem Grundgesetz kompatibel ist, sondern ob sich jeder gläubige Bürger auch an das Grundgesetz hält. Das sind zwei völlig unterschiedliche Perspektiven. Ich muss nicht den Islam zivilisieren, seine innere Ordnung umstellen, das ist nicht mein Job, ich bin ja keine Theologin.

Ich muss vielmehr dafür sorgen, dass alle Bürger, ob nun die muslimischen oder alle anderen, sich an bestimmte Regeln halten. Da geht es immer um die gleichen Fragen, um die Gleichstellung von Mann und Frau, Rechtsfragen, Erziehung etc. Ich gebe Ihnen nur ein kleines Beispiel, welches uns in den nächsten Jahren sicherlich beschäftigen wird: Denken Sie an die Beschneidung von Jungen – nicht von Mädchen, das ist etwas ganz anderes, das ich jetzt gar nicht thematisieren möchte –, ob also diese Beschneidung eine religiöse Tradition darstellt, die nicht angerührt werden kann, ob da nicht auch Körperverletzung eine Rolle spielt und ob man nicht eigentlich nur die Beschneidung von erwachsenen Männern zulassen dürfte, die darüber selbst entschieden haben.

F. W. Graf: Es ist immer so gewesen, dass Religion und Recht, ebenso wie auch Recht und Moral, ein Spannungsfeld gebildet haben. In der Debatte, von der wir hier reden, kommt es oft zu ganz unsinnigen Verkürzungen, etwa ob der Islam grundgesetzkompatibel sei – diese Fragen sind in erster Linie ein Zeichen der Befremdung oder Unkenntnis des Fragestellers. Ich will aber noch an einem anderen Punkt eine Differenzierung einklagen: Wir finden mitten in unserem Land orthodoxe Formen des Christentums, die allesamt Schwierigkeiten mit der liberalen Moderne und mit dem demokratischen Rechtsstaat haben. Wenn man nun eine Debatte darüber führen möchte, was religiöser Pluralismus bedeuten kann, dann muss man diesen Pluralismus eine Spur ernster nehmen, als das heute in Deutschland getan wird. Es irritiert, dass viele Funktionäre des Islam sich bisweilen in den Vordergrund spielen, denn zugleich gehört zur religiösen Vielfalt im Lande auch die starke Präsenz nicht-europäischer Christentümer, von Pfingstchristen, Orthodoxen, sowie eine diffuse Szenerie von spontan sich bildenden religiösen Gruppierungen, über die wir nur relativ wenig wissen.

Wir führen gern normative Debatten in Sachen Religion, aber wir sind in vielen Punkten religionsblind. Ich nenne Ihnen mein Lieblingsbeispiel; das ist die Stadt aus der ich komme. Wenn Sie auf die Homepage von München gehen, dann wird dort das Religionsspektrum wie folgt aufgelistet: Römisch-katholische Christen, evangelische Christen, jüdische Bürger und Sonstige. Sonstige machen aber immerhin 48,9 Prozent aus! Das ist die statistisch manifestierte Blindheit gegenüber der Vielfalt des religiösen Lebens. Wir haben meiner Meinung nach einen erheblichen Bedarf, uns mit religionskultureller Vielfalt praktisch-empirisch zu beschäftigen.

U. Schnabel: Noch einmal meine Frage von vorhin: Kann man angesichts dieser bemerkenswerten Pluralisierung, von der Sie sprechen, überhaupt noch einen interreligiösen Dialog führen? Oder wird der notgedrungen zu einem interkonfessionellen Dialog, weil sich auch die christlichen Kirchen erst einmal untereinander verständigen müssen?

F. W. Graf: Es ist besser, wenn Menschen miteinander reden, als wenn sie aufeinander einschlagen. Insofern wird kein vernünftiger Mensch etwas gegen Dialoge haben. Bald entstehen aber Probleme, wenn man sich fragen muss: Worüber wird eigentlich gesprochen? Von welchen Akteuren, mit welcher Absicht? Dann taucht das Repräsentationsproblem auf, das hier schon mehrfach zur Sprache kam. Frau Akgün sagte, dass sich Verbandsfunktionäre anmaßten, den Islam ohne entsprechende Legitimation zu repräsentieren. Das ist kein spezifisch muslimisches Problem. Ich kenne sehr viele protestantische Christen, die sich durch den Ratsvorsitzenden der EKD nicht angemessen repräsentiert fühlen. Und ich kenne viele römische Katholiken, die ihre Schwierigkeiten mit dem derzeitigen Papst und den Entscheidungsstrukturen der katholischen Kirche haben.

Letztlich können solche Gruppen aber über bestimmte Dinge sinnvoll und pragmatisch miteinander reden. Ich denke da an den ökumenischen Dialog zwischen Katholiken und Protestanten, wenn sie gemeinsam korporatistische Interessen wahrnehmen, wenn sie gemeinsam über Sozialstaatskonstruktionen, über Caritas und die Diakonie reden. Nennen wir es einmal eine Lobbyismus-Ökumene: Wenn die beiden gemeinsam politisch agieren, dann sind sie einfach stärker. Aus diesen Gründen, d. h. aus machtstrategischen, machtpragmatischen Interessen, haben die Kirchen Deutschlands eine ökumenische Konsenskultur entwickelt. An anderen Punkten gelingt ihnen dieser Dialog aber gar nicht. Deshalb ist meine Behauptung: Entscheidende Voraussetzung für erfolgreiche interreligiöse Dialoge ist die Präzisierung des Gegenstands, über den man eigentlich sprechen will, und dass man sich seiner Absichten im Klaren ist.

U. Schnabel: Schöner Begriff: Lobbyismus-Ökumene …

L. Akgün: Wenn man den Dialog nicht nur auf der Entscheidungsebene, sondern auch realistisch und weiter unten ansetzt, dann ist das ein vielversprechendes Konzept. Die Leute wissen doch viel zu wenig voneinander. Dialogveranstaltungen auf Stadtteilniveau, wenn der Pfarrer mit dem Imam zusammentrifft, wenn beide ihre Leute mitbringen und viele sich erstmals persönlich kennenlernen – das baut Vorurteile ab. Dialog ist eben auch eine Integrationsübung, und da – das wissen wir alle – ist noch sehr viel zu tun in Deutschland.

D. Diner: Richtig. Die Einwanderungsfrage in die Bundesrepublik ist im Wesentlichen eine Frage der sozialen Integration. Migranten, die aus muslimischen Ländern zu uns kommen und vielleicht auch noch aus den ländlichen Regionen, treffen die Bundesrepublik als einen hochmodernen Staat an und stoßen gleich an zwei Schranken: die kulturell-religiöse, über die wir geredet haben, und natürlich auch die soziale Schranke. Lassen Sie es mich zur Verdeutlichung zugespitzt formulieren: Ein Immigrant, der in die Vereinigten Staaten einwandert, wird – erlauben Sie mir die Verallgemeinerung – als erstes Arbeit suchen. Das hat, wenn man so will, mit der calvinistisch geprägten Kultur der Vereinigten Staaten zu tun. Jeder, der einwandert und der das freiwillig tut, sucht Arbeit. Wenn jemand dagegen in die Bundesrepublik einwandert, wird er diesen Schritt nicht als erstes gehen. Das hochkomplexe, aber nicht sehr durchlässige sozialstaatliche Gefüge dieses Landes konfrontiert ihn nämlich mit hohen Ansprüchen und versetzt ihn auf verschiedenen Ebenen in den Status des Anwärters. Es geht um soziale Anwartschaften, generationelle Anwartschaften, und summa summarum ist es sehr schwer, auf diesen Ebenen schnell in die Bundesrepublik integriert zu werden. Die religiöse Schranke ist hierzulande also nur eine von vielen, verdeutlicht aber anschaulich das Integrationsproblem.

Im Unterschied dazu wird in den pluralistisch organisierten Vereinigten Staaten, in denen die Bindung an die Transzendenz sehr hoch ist, niemals mit Ausschließlichkeit definiert, über welchen Gott man denn gerade redet. Der amerikanische Präsident, das ist uns allen bekannt, spricht immer über Gott – aber eben nicht über einen bestimmten Gott. Das ist eine ganz wichtige Beobachtung. Hier wird die Transzendenz in die soziale Ordnung mit eingeflochten, und *alle* Menschen haben etwas über sich, das zugleich über sie hinausreicht. Das ist im Kern der Unterschied zu Europa, vor allen Dingen zu Frankreich, wo die Kirchenfeindlichkeit in eine Religionsfeindlichkeit umgeschlagen ist und letztendlich den Laizismus hervorgebracht hat.

Ich möchte noch einen anderen Punkt anbringen zum Thema „Der Islam im Westen". Für Muslime ist es äußerst schwierig, sich als eine Minderheitenkultur zu verstehen. Der Islam ist eine Herrschaftskultur und hat große Probleme, sich in einem anderen kulturellen Zusammenhang als kleinerer Teil zu begreifen. Nun sind in der westlichen Welt seit vielen Jahren Anstrengungen im Gange, unter anderem in den Vereinigten Staaten, wo so etwas wie ein Kanon an politischen und gesellschaftlichen Ideen ausgebildet werden soll, der sich diesen Problemen stellt und das Pluralismusverständis befördern soll. Insofern sind wir alle Teil eines Prozesses, der die Muslime verändert, der aber auch uns in einer Weise verändert, so dass wir unsere eigene Zugehörigkeit und deren Grenzen durchlässiger machen und darüber den Anderen einladen, am Gemeinwesen teilzunehmen. Aber ich betone noch einmal: Das geschieht nicht jenseits der Säkularisierung; da wird nichts zurückgedreht. Die ist und bleibt die Voraussetzung der Verhältnisse, auf deren Grundlage dann gehandelt und verhandelt wird.

U. Schnabel: Herr Graf, Würden Sie das auch so sehen wie Herr Diner? Wie weit kann es mit der Veränderung unserer eigenen Kultur gehen?

F. W. Graf: Ich habe beim besten Willen nicht den Anspruch, als Prophet zu agieren, und ich finde, dass man hinsichtlich seiner prognostischen Kompetenzen selbstkritisch sein sollte. Aber in einem Punkte scheint mir etwas evident zu sein: Wir werden lernen müssen, mit fundamentalen Konflikten gelassener umzugehen. Ich betone noch einmal den trivialen Satz, dass mehr Verschiedenheit in aller Regel mehr Konflikt bedeutet. Wir werden immer wieder bestimmte Grundkonflikte moralischer Art durchspielen, also etwa in Bezug auf Abtreibung, Homosexualität usw. Hier und anderswo wird es immer wieder Streit geben, und diesen Streit wird man nur durch pragmatische Lösungen pazifizieren können.

Es wird aber in allen religiösen Gruppierungen immer auch Menschen und Positionen geben, die aufgrund ihrer starken normativen Orientierung einen erreichten pragmatischen Konsens wieder in Frage stellen. Da erleben wir ja interessante neue Entwicklungen, nicht nur in der Bundesrepublik, sondern auch in anderen europäischen Gesellschaften. Über Religions- und Konfessionsgrenzen hinweg werden neue funktionale und politische Zweckbündnisse geschlossen. Wir erleben, dass sich ein konservativer katholischer Pfarrer mit einem evangelikalen protestantischen Pastor und einem orthodoxen jüdischen Repräsentanten zu einem Bündnis zusammenschließt, um bestimmte Fehlentwicklungen der liberalen Moderne zu bekämpfen. Insofern dürfen wir nicht nur vereinfachend über essentialistische Religionsgrenzen reden, sondern müssen diese internen kulturellen und politischen Diversifizierungen und auch die möglichen Überbrückungen dieser Grenzen in den Blick nehmen. Religiöse und gesellschaftliche Vielfältigkeit heißt eben auch gesteigerte Komplexität. Und dann werden wir sehen: Ein Mehr an Verschiedenheit bedeutet leider immer auch ein bisschen mehr an Kulturkampf.

José Casanova

„Sind wir immer noch säkular?"
Thesen zum Prozess der Säkularisierung[1]

Was bedeutet es eigentlich, wenn wir fragen: „Sind wir immer noch säkular?" Hier hängt offenkundig einiges davon ab, was man unter „säkular" versteht, denn schließlich ist der Begriff voller widersprüchlicher Bedeutungen. Auch ist entscheidend, was man mit „wir" meint, also wer und welche Gesellschaften und Institutionen in diese Fragestellung einbezogen werden. Schließlich ist von großer Bedeutung, ob der Fokus unserer Untersuchung von der Qualifizierung „immer noch" bestimmt wird, ob die zentrale Frage also darin besteht, ob gerade ein epochaler Wandel des säkularen Zeitgeistes stattfindet.

Im Folgenden wird jede dieser Fragen angesprochen werden, also (1) auf welche verschiedenen Arten man „säkular" sein kann, (2) wer in das säkulare „wir" eingeschlossen ist und (3) ob wir „immer noch" säkular sind oder ob man eine Verschiebung in Richtung eines post-säkularen Zustands feststellen kann.

1. Drei Bedeutungen des Begriffs „säkular"

Ich möchte eine analytische Unterscheidung zwischen drei verschiedenen Bedeutungen des Begriffs säkular – oder drei verschiedenen Arten, auf die etwas als säkular bezeichnet

---

werden kann – einführen. Diesen Bedeutungen entsprechen drei verschiedene Sichtweisen auf den Prozess der Säkularisierung.

1.1 In einer säkularen Welt und Epoche leben

Dies ist der weite Sinn des Begriffs, der aus der mittelalterlichen christlich-theologischen Transformation des lateinischen Worts saeculum abgeleitet ist. Ursprünglich bezeichnete saeculum, so etwa in *per saecula saeculorum*, nur eine Zeitspanne von unbestimmter Dauer, doch wurde es schließlich zu einem Bestandteil des Gegensatzpaares „religiös/säkular", das die gesamte raum-zeitliche Realität der mittelalterlichen Christenheit strukturierte. Dieses Klassifizierungssystem trennte zwei Welten: auf der einen Seite die religiöse, spirituelle oder heilige Welt der Erlösung und auf der anderen die säkulare, endliche oder profane Welt. So versteht sich auch die Unterscheidung zwischen dem religiösen oder regulären Klerus, der sich aus der Welt in die Klöster zurückzog, um ein Leben christlicher Vollendung zu führen, und dem säkularen Klerus, der in der Welt Seite an Seite mit den Laien lebte.

Säkularisierung bedeutet, etwas weltlich zu machen, religiöse Personen oder Dinge in säkulare zu verwandeln, wenn z. B. eine religiöse Person die Klosterregeln hinter sich lässt, um in der anderen Welt zu leben, oder wenn Klostereigentum der weltlichen Allgemeinheit oder einer weltlichen Macht zugeführt wurde. Dieses ist die ursprüngliche christlich-theologische Bedeutung des Begriffs Säkularisierung, die als eine grundlegende Metapher des historischen Prozesses der westlichen Säkularisierung dienen kann.

Dieser Entwicklungsgang muss zugleich als eine Reaktion auf den strukturierenden Dualismus der mittelalterlichen Christenheit verstanden werden, als ein Versuch, die Opposition zwischen religiöser und säkularer Welt zu überbrücken, zu eliminieren oder zu überwinden. Doch selbst im Westen beruht die Säkularisierung auf zwei unterschiedlichen Dynamiken: Da ist zunächst der Antrieb der internen christlichen Säkularisierung, die darauf abzielt, das Endliche zu spiritualisieren und das vollendete religiöse Leben aus den Klöstern heraus in die säkulare Welt zu tragen. Es handelt sich dabei um eine Dynamik, die den gerade beschriebenen Dualismus nur tendenziell überwindet, indem sie die Grenzen zwischen Religiösem und Säkularem verschwimmen lässt, also durch gegenseitige Durchdringung das Religiöse säkular und das Säkulare religiös macht. Dieser Pfad wurde zuerst im Mittelalter von den verschiedenen christlichen Reformbewegungen eingeschlagen, wurde dann von der protestantischen Reformation radikalisiert und erreichte seine paradigmatische Form im angelsächsisch-calvinistischen Kulturraum, vor allem in den Vereinigten Staaten.

Die andere, der Säkularsisierung beinahe entgegengesetzte Dynamik ist die der Laizisierung. Sie zielt darauf ab, alle säkularen Lebensbereiche von klerikaler Kontrolle zu befreien. Anders als der protestantische Ansatz hält das laizistische Konzept die Grenzen zwischen dem Religiösen und dem Säkularen strikt aufrecht. Ziel ist es, alles Religiöse einzuhegen, zu privatisieren und zu marginalisieren und es damit jeder sichtbaren Präsenz in der säkularen öffentlichen Sphäre, die nunmehr als Reich der laïcité und als frei von Religion definiert ist, zu berauben. Dies ist der französisch-lateinisch-katholische Pfad der Säkularisierung, der sich in ganz Kontinentaleuropa in unterschiedlichen Formen manifestieren sollte.

Ungeachtet zahlreicher Varianten sind dies die beiden Hauptdynamiken der Säkularisierung, die in unserer Gegenwart kulminieren. Auf unterschiedliche Art und Weise führen beide Pfade zu einer Überwindung des mittelalterlich-christlichen Dualismus der zwei Welten. Das geschieht, indem das säkulare Zeitalter und die säkulare Welt bestätigt und aufgewertet werden. Es entsteht eine Weltsicht, in der das Göttliche durch eine quasi-transzendente Bedeutung menschlicher Entwicklung ersetzt wird. Im Verständnis dieses Begriffs sind wir und alle modernen Gesellschaften säkular und werden es wahrscheinlich auf absehbare Zeit bleiben, vielleicht sogar *per saecula saeculorum*.

1.2 Religiös sein oder nicht – das ist die Frage!

In einer zweiten, engeren Bedeutung zielt der Begriff säkular auf eine selbstgenügsame und exklusive Bedeutung ab. Von ihr spricht man, wenn Menschen gemeint sind, die schlicht unreligiös sind, also ohne Religion leben und gegenüber jeder Form der Transzendenz jenseits des rein säkularen Rahmens verschlossen sind. Hier bezeichnet das Wort nicht mehr einen der Bestandteile eines begrifflichen Gegensatzes, sondern stellt eine in sich abgeschlossene Realität dar. In gewisser Weise ist sie ein mögliches Endresultat des Säkularisierungsprozesses, indem man sich der religiösen Komponente entledigt, um den Dualismus der zwei Welten zu überwinden.

In seinem 2007 erschienenen Buch „A Secular Age"[2] hat Charles Taylor rekonstruiert, wie die phänomenologische Erfahrung dessen, was er „den immanenten Rahmen" nennt, als Konstellation der ausdifferenzierten, dabei jedoch ineinander verschränkten kosmischen, sozialen und

---

[2] Ch. Taylor, *A Secular Age*, Cambridge/Mass. 2007 [dt.: *Ein säkulares Zeitalter*, Frankfurt a. M. 2009].

moralischen Ordnungen der Moderne konstituiert wird. Alle drei Ordnungen werden als rein immanente säkulare Ordnungen verstanden, die ohne Transzendenz und deshalb *etsi deus non daretur* – als ob Gott nicht existierte – funktionieren. Es ist diese phänomenologische Erfahrung, die laut Taylor unser Zeitalter zu einem säkularen macht, ganz unabhängig von dem Ausmaß, in dem in ihm lebende Menschen möglicherweise noch immer religiöse oder theistische Glaubensinhalte haben.

Die Frage stellt sich nun, ob die Lebenserfahrung in diesem immanenten Rahmen so gestaltet ist, dass die Menschen auch *etsi deus non daretur* funktionieren können. Taylor neigt dazu, diese Frage zu bejahen. Tatsächlich soll seine phänomenologische Charakterisierung der säkularen Bedingungen des Glaubens erklären, wie es zum Wandel von der vormodernen christlichen Gesellschaft, in der der Glaube an Gott nicht herausgefordert wurde und unproblematisch, ja sogar naiv und selbstverständlich war, zur post-christlichen Gesellschaft von heute kam. In diesem modernen Stadium ist der Glaube an Gott nicht mehr axiomatisch, sondern wird zunehmend problematisch, so dass sogar jene, die einen engagierten Standpunkt als Gläubige beziehen, ihre Glaubenserfahrung als eine Option unter anderen wahrnehmen und sogar als eine, die expliziter Begründung bedarf. Ohne Religion zu sein, wird dagegen zunehmend zur Standardposition, die als natürlich und unproblematisch und deshalb nicht mehr begründungsbedürftig erfahren wird.

Diese Stellung des Nicht-Glaubens als *conditio humana* in modernen Gesellschaften entspricht weitgehend den Annahmen der vorherrschenden Säkularisierungstheorien, die ja einen zunehmenden Niedergang religiösen Glaubens und religiöser Praktiken im Zuge des Modernisierungsprozesses postuliert haben: Je moderner eine Gesellschaft ist, desto säkularer, d. h. desto weniger religiös wird sie. Dass dieser Niedergang des religiösen Glaubens und religiöser Praktiken eine relativ neue Bedeutung des Begriffs Säkularisierung darstellt, wird auch daraus ersichtlich, dass er in den Wörterbüchern vieler moderner europäischer Sprachen noch nicht erscheint.

Gleichwohl: Einige moderne nicht-europäische Gesellschaften wie die der Vereinigten Staaten oder Südkorea sind vollständig säkular, obwohl große Teile ihrer Bevölkerungen offensichtlich religiös leben. Das stellt die Prämisse in Frage, dass der Niedergang religiösen Glaubens und religiöser Praktiken eine quasi-natürliche Folge von Modernisierungsprozessen ist. Dasselbe gilt für die Beobachtung, dass die Modernisierung vieler nicht-westlicher Gesellschaften von Prozessen religiöser Erneuerung begleitet wird. Wenn Modernisierung per se nicht notwendigerweise den (fortschreitenden) Niedergang religiösen Glaubens und entsprechender Praktiken hervorruft, brauchen wir eine bessere Erklärung für die radikale und weit verbreitete Säkularität, die man in den Bevölkerungen westeuropäischer Gesellschaften antrifft. Säkularisierung in dieser zweiten Bedeutung des Begriffs säkular – also ohne Religion zu leben – stellt sich nicht automatisch als Ergebnis von Modernisierungsprozessen ein, sondern muss durch irgendeine andere historische Erfahrung vermittelt sein.

1.3 Säkularismus als Bewusstseinszustand

„Selbstgenügsame Säkularität", also die Abwesenheit von Religion, hat eine bessere Chance, die für selbstverständlich gehaltene Position zu werden, wenn sie nicht unreflektiert erfahren wird, sondern als Resultat eines Entwicklungsprozesses. Wie Taylor gezeigt hat, ist der moderne Nicht-Glauben nicht einfach ein Zustand der Abwesenheit von Glauben oder mit bloßer Indifferenz gleichzusetzen. Er sei, so der kanadische Philosoph, „eine Bedingung des die Irrationalität des Glaubens ‚Überwunden-Habens‘".[3] Dieser phänomenologischen Erfahrung wohnt ein von der Aufklärung gleichsam geerbter moderner Bewusstseinszustand inne, der den anthropozentrischen Wandel in den Bedingungen des Glaubens als einen Prozess der Reifung und des Wachstums versteht, als ein Erwachsenwerden und als fortschreitende Emanzipation. Taylor dient diese phänomenologische Erfahrung als Grundlage für die Erfahrung eines exklusiven Humanismus, der sich als die positive, selbstgenügsame und selbstbeschränkende Bestätigung menschlicher Entwicklung versteht. Transzendenz jenseits dieser menschlichen Entwicklung wird als selbstverleugnend und selbstzerstörerisch zurückgewiesen.

In dieser Hinsicht hat das historische Selbstverständnis des Säkularismus die Funktion, die Überlegenheit unserer gegenwärtigen, modernen, säkularen Sicht gegenüber anderen, früheren und daher vermeintlich primitiveren religiösen Formen des Verstehens zu bestätigen. Säkular sein heißt modern sein, und umgekehrt impliziert Religiosität, irgendwie doch nicht oder nicht mehr ganz modern zu sein. Das moderne Bewusstsein verwandelt Religiosität zur Vorstellung einer Rückkehr zu einem überwundenen Zustand, in eine eigentlich undenkbare intellektuelle Regression.

Die Funktion des Säkularismus als Geschichtsphilosophie und daher als Ideologie ist es, den partikularen westlich-christlichen historischen Prozess der Säkularisierung in einen universalen teleologischen Prozess menschlicher Entwicklung vom Glauben zum Unglauben und von primitiver, irrationaler Religiosität hin zu einem modernen, rationalen,

---

[3] Taylor 2007, S. 269.

säkularen Bewusstsein umzudeuten. Selbst wenn die besondere Rolle interner christlicher Entwicklungen im allgemeinen Prozess der Säkularisierung anerkannt wird, muss indes
die Besonderheit des Christentums als „der Religion zum
Ausstieg aus der Religion" betont werden, wie es in Marcel
Gauchets treffender Formulierung heißt.[4]

Dieser Bewusstseinszustand ist ein entscheidender Erklä-
rungsfaktor der weitreichenden Säkularisierung, die die
Modernisierung westeuropäischer Gesellschaften begleitet
hat. Europäer tendieren dazu, ihre eigene Säkularisierung,
also den verbreiteten Niedergang religiösen Glaubens und
religiöser Praktiken in ihrer Mitte, sozusagen als natürliche
Konsequenz ihrer Modernisierung zu erfahren. Säkular zu
sein wird nicht als eine existenzielle Wahlhandlung moderner Individuen oder Gesellschaften erfahren, sondern eher
als zwangsläufiges Ergebnis der Modernisierung. So gesehen funktioniert die durch diesen historischen Bewusstseinszustand vermittelte Theorie der Säkularisierung wie
eine „self-fulfilling prophecy".

Die Präsenz oder Abwesenheit des säkularistischen Ver-
ständnisses erklärt, wann und wo Prozesse der Modernisierung von radikaler Säkularisierung begleitet werden. An
Orten, wo ein solcher Bewusstseinszustand fehlt, etwa in
den Vereinigten Staaten oder den meisten nicht-westlichen
post-kolonialen Gesellschaften, wird die Modernisierung
zumeist nicht von religiösem Niedergang begleitet. Im Gegenteil: Mitunter erfahren diese Gesellschaften sogar
Momente der religiösen Wiederbelebung.

Wir haben bisher eine Unterscheidung zwischen drei verschiedenen Bedeutungen des Begriffs „säkular" eingeführt:

---

[4] M. Gauchet, *The Disenchantment of the World. A Political History of
Religion*, Princeton 1999.

(a) Bloße Säkularität, also die phänomenologische Erfahrung, in einer säkularen Welt und in einem säkularen Zeitalter zu leben, in denen religiös zu sein eine normale, gangbare Option ist.

(b) Selbstgenügsame und exklusive Säkularität, also die phänomenologische Erfahrung, in der das Leben ohne Religion als der normale und selbstverständliche Zustand erscheint.

(c) Säkularistische Säkularität, also die phänomenologische Erfahrung, nicht allein passiv frei, sondern vielmehr von „Religion" befreit worden zu sein und so die Grundlagen menschlicher Entwicklung geschaffen zu haben.

Wir sind damit in einer besseren Position, das „wir" in der eingangs gestellten Frage, d. h. den realen gesellschaftlichen Ort der Säkularität, identifizieren zu können.

2. Wie säkular sind „wir"?

Natürlich sind in jeder Gesellschaft und jederzeit manche Menschen religiöser als andere. Dabei mag es sich um eine Konstante handeln, selbst wenn man Veränderungen in der Bedeutung und Natur von Religiosität berücksichtigt. Individuen in jeder beliebigen Gesellschaft mögen mehr oder weniger religiöse Neigungen haben, d. h. sie mögen, um die treffende Formulierung Max Webers zu bemühen, mehr oder weniger „religiöse Musikalität"[5] besitzen.

---

[5] In einem Brief an seinen zu jener Zeit weitaus bekannteren Kollegen Ferdinand Tönnies vom 19. Februar 1909 schreibt Max Weber: „Denn ich bin zwar religiös absolut ,unmusikalisch' und habe weder Bedürfnis noch Fähigkeit irgendwelche seelischen ,Bauwerke' religiösen Charakters in mir zur errichten – das geht einfach nicht, resp. ich lehne es ab. Aber ich bin [,] nach genauer Prüfung, weder antireligiös noch irreligiös." Zitiert nach: M. Sukale, *Max Weber. Leidenschaft und Disziplin*, Tübingen 2002, S. 90.

Italien, wo 31 Prozent der Bevölkerung angeben, schon einmal eine tiefe religiöse Erfahrung oder die Erfahrung religiöser Transzendenz gemacht zu haben, ist offenbar das Land mit der religiös musikalischsten Bevölkerung in ganz Europa. In nur fünf anderen Ländern überschreitet der Anteil derjenigen, die eine ähnliche Erfahrung gemacht haben wollen, 20 Prozent und damit ein Fünftel der Bevölkerung. Überraschenderweise finden sich in der Ländergruppe mit der größten Häufigkeit individueller religiöser Erfahrungen Frankreich mit 24 Prozent und die Niederlande mit 22 Prozent – zwei Länder also, die in jeder anderen Hinsicht zu den am meisten säkularisierten Europas gehören. Diese Prozentwerte sind auch noch höher als der Anteil bekennender Atheisten in den beiden Ländern, nämlich 19 Prozent in der französischen und 17 Prozent in der niederländischen Bevölkerung.

Der westliche Teil Deutschlands und Großbritannien repräsentieren dagegen das europäische Mittelfeld. 16 Prozent ihrer Bevölkerung geben an, eine religiöse Erfahrung gemacht zu haben, während der Anteil derjenigen, die sich als Atheisten bezeichnen, elf und zehn Prozent beträgt. Die Bevölkerung der ehemaligen DDR markiert das untere Ende der europäischen Religiositätsskala oder das obere Ende der Säkularitätsskala. Nur zehn Prozent der Ostdeutschen geben an, irgendeine tiefe persönliche religiöse Erfahrung gehabt zu haben, während eine Mehrheit – 51 Prozent – sich zum Atheismus bekennt.

Zugleich bekennt sich in jedem europäischen Land mit Ausnahme Ostdeutschlands und der Tschechischen Republik eine Mehrheit, d. h. über 50 Prozent der Bevölkerung, immer noch zu ihrem Glauben an Gott. Die Spannweite des Glaubens und Unglaubens in Europa ist jedoch groß: Am oberen Ende bezeichnen sich über 90 Prozent der Bevölkerung in Polen, Irland und Portugal als Gläubige. In den skandinavischen Ländern, Frankreich, den Niederlanden und Russland sinkt der Anteil der Gläubigen auf rund 50 Prozent. Großbritannien und Westdeutschland mit 69 und 65 Prozent liegen in der Mitte.

Zusammenfassend kann man sagen, dass die Mehrheit der Bevölkerung in den meisten europäischen Ländern zwar immer noch einen allgemeinen Glauben an Gott bewahrt hat, dass die Tiefe und das Ausmaß individueller Religiosität in Europa aber eher niedrig sind. Dies gilt jedenfalls insoweit, als dass diejenigen, die sich zum Glauben an einen persönlichen Gott bekennen, mit einer gewissen Regelmäßigkeit beten und irgendeine persönliche religiöse Erfahrung behaupten, in den meisten europäischen Ländern eine Minderheit darstellen. In dieser Hinsicht kann – anders als in den USA, wo man hohe Niveaus individueller Religiosität selbst unter den nicht Kirchengebundenen findet – eine Mehrheit der Bevölkerung in den meisten europäischen Ländern als säkular und nicht-religiös charakterisiert werden.

Der drastische Niedergang der Kirchgangshäufigkeit in Europa seit den 1950er Jahren liefert die stärksten Belege für die Verteidiger der traditionellen Säkularisierungstheorie. In mehr als der Hälfte der europäischen Länder besuchen weniger als 20 Prozent der Bevölkerung regelmäßig eine Kirche. In Ostdeutschland, Russland und in den skandinavischen Ländern sinkt der Anteil regelmäßiger Kirchgänger sogar in den einstelligen Bereich. Nur in drei europäischen Ländern, Irland, Polen und der Schweiz, besucht eine Bevölkerungsmehrheit regelmäßig die Kirche.

Ein Vergleich mit der konfessionsübergreifenden religiösen Vitalität in den USA, bei Protestanten und Katholiken, Juden und Muslimen sowie auch bei Hindus und Buddhisten, offenbart den entscheidenden Unterschied zwischen amerikanischer und europäischer Religiosität. Säkularisie-

rung in Europa hat vor allem die Gestalt der Entkirchlichung, die als eine Form der Befreiung vom Typ territorial
gebundener konfessioneller Religiosität und damit vom
Erbe des westfälischen Systems verstanden wird. Das europäische Christentum vollzog niemals ganz den Übergang
von territorial gebundenen Nationalkirchen, organisiert in
territorial gegliederten Pfarrgemeinden zu konkurrieren-
den, in der Zivilgesellschaft verankerten Konfessionen auf
der Basis freiwilliger religiöser Vereinigungen. Letztere
scheinen als moderne Form der Glaubensgemeinschaft
dem europäischen Modell in ihrer Bindungskraft überlegen
zu sein.

3. Sind wir immer noch säkular oder treten wir in ein post-säkulares globales Zeitalter ein?

Insoweit eine Antwort auf diese Frage erfordert, den Blick
von aktuellen Trends auf die Zukunft zu lenken, lassen
sich bestenfalls einige vorsichtig spekulative Antworten
geben – immer im Bewusstsein der Tatsache, dass die Sozialwissenschaften eine erbärmliche Bilanz auf dem Feld
historischer Prognosen vorzuweisen haben, dass die Geschichte kontingent und daher unvorhersehbar ist und dass
die Zukunft damit im Kern offen bleibt.

Was die erste Bedeutung des Wortes säkular angeht, also
das Leben innerhalb des immanenten Rahmens der säkularen Welt, sind wir nicht nur im Westen immer noch säkular
und werden es wohl auch auf absehbare Zeit bleiben. Selbst
die meisten nicht-westlichen Gesellschaften schließen sich
dieser Entwicklung an: Kosmische Ordnungen werden zunehmend durch die moderne Wissenschaft und Technologie
definiert, Gesellschaftsordnungen durch Mitgliedschaft in
einem Netz demokratischer Staaten, Marktwirtschaften

und mediatisierter Öffentlichkeiten, moralische Ordnungen schließlich durch die Kalkulationen von Rechte tragenden individuellen Akteuren, die Menschenwürde, Freiheit, Gleichheit und den *pursuit of happiness* einfordern.

Was die zweite Bedeutung von säkular angeht, gibt es in der Bevölkerung westeuropäischer Gesellschaften, vielleicht abgesehen von einem gegenläufigen Befund bei der Gruppe der Einwanderer, nur wenige Belege für eine signifikante religiöse Wiederbelebung. Man könnte vielleicht behaupten, dass sich die Rate des religiösen Niedergangs etwas verlangsamt hat oder dass in einigen Ländern die Abwärtsbewegung zum Halten gekommen ist. Dennoch hat die Säkularisierungsrate in vielen europäischen Gesellschaften offensichtlich einen *point of no return* erreicht. Religion ist als „Erinnerungskette", um die Formulierung der französischen Soziologin Danièle Hervieu-Léger aufzugreifen[6], hoffnungslos zerbrochen, und ganze Generationen junger Europäer wachsen ohne jede persönliche Beziehung zur christlichen Tradition oder sogar ohne Wissen über diese auf. Nicht nur die Kirchen, sondern vor allem die Familien haben ihre Rolle im Prozess religiöser Sozialisierung verloren. Schließt man eine unvorhersehbare Wiederbelebung aus, dann ist es eher unwahrscheinlich, dass dieser Prozess der Säkularisierung, d. h. die Entkirchlichung der europäischen Bevölkerung, umgekehrt werden kann. In dieser Hinsicht wäre es voreilig, europäische Gesellschaften als post-säkular zu bezeichnen.

Dennoch geschieht derzeit etwas grundlegend Neues mit dem europäischen säkularen Zeitgeist. Weder die naive, unreflektierte Säkularität, die ohne Religion zu sein quasi als das Natürliche akzeptiert, noch das säkularistische Selbstverständnis, das den besonderen Prozess euro-

---

[6] Vgl. D. Hervieu-Léger, *La religion pour mémoire*, Paris 1993.

päischer christlicher Säkularisierung in eine universelle normative Entwicklung für die gesamte Menschheit umdeutete, lassen sich noch unhinterfragt für schlicht selbstverständlich halten.

Wir sind noch nicht wieder religiös. Aber wir sind sicherlich zunehmend beschäftigt mit Religion als Frage und vor allem als öffentlichem Thema. Konferenzen, Tagungen und eine überwältigende Vielzahl von Zeitungs- und Zeitschriftenartikeln sind Belege für den Wandel des Zeitgeists. Die Tatsache, dass wir uns die Frage „Sind wir immer noch säkular?" überhaupt stellen, zeigt doch, dass eine Schwelle überschritten worden ist und nicht zuletzt unter den Bedingungen der Globalisierung ein Umdenken über das Verhältnis von Staat, Gesellschaft und Religion stattfindet.

Hartmut Lehmann

Migration, Religion und Integration aus historischer Sicht

Zum Thema „Migration" gibt es inzwischen zahlreiche Publikationen[1]. Sucht man jedoch speziell nach Studien, die den Faktor Religion im Zusammenhang mit den Themen Migration und Integration erörtern, dann findet man nur sehr wenig Einschlägiges. In den Publikationen des renommierten Osnabrücker Instituts für Migrationsforschung und Interkulturelle Studien (IMIS) ist beispielsweise kaum etwas zum Verhältnis von Migration und Religion zu finden.[2] Dort werden zwar Arbeiten zu vielen Aspekten des Themenbereichs Migration publiziert. Studien, in denen die religiöse Einstellung von Migranten diskutiert wird, stan-

---

[1] Zum Gesamtzusammenhang siehe J. Oltmer, *Migration und Integration in Europa seit der Frühen Neuzeit. Eine Bibliographie zur Historischen Migrationsforschung*, Osnabrück 2005; K.J. Bade, P.C. Emmer, L. Lucassen, J. Oltmer (Hg.), *Enzyklopädie Migration in Europa vom 17. Jahrhundert bis zur Gegenwart*, Paderborn 2008.

[2] Siehe die Schriftenreihe des Instituts für Migrationsforschung und Interkulturelle Studien der Universität Osnabrück (IMIS-Schriften), 15 Bände seit 1996; die Studien zur Historischen Migrationsforschung (SHM), 18 Bände seit 1995; die Buchpublikationen zu IMIS-Themen außerhalb der IMIS-Schriftenreihen, 21 Bände seit 1997 sowie die IMIS-Beiträge, 35 Hefte 1995–2009. Als für das vorliegende Thema relevant sind folgende Beiträge zu erwähnen: H. Schilling, „Die frühneuzeitliche Konfessionsmigration", in: Themenheft *Migration in der europäischen Geschichte*, IMIS-Beiträge, Heft 20, 2002; ferner T. Brinkmann, *Von der Gemeinde zur Community. Jüdische Einwanderer in Chicago 1840–1900*, Osnabrück 2002; P. Graf, *Der Islam im Westen – der Westen im Islam*, Göttingen 2004. 2008 wurde in Osnabrück auch ein Vortrag präsentiert zum Thema „Religiosität und religiöse Erziehung. Erfahrungen und Einstellungen von Mädchen und jungen Frauen türkisch-muslimischer Herkunft".

den, wie es scheint, bisher aber nicht im Zentrum der Arbeit. Die meisten der Publikationen zum Thema „Migration, Religion und Integration" behandeln bezeichnenderweise außerdem Probleme, die mit der Integration muslimischer Jugendlicher zusammenhängen. Andere Gruppen, auch einschlägige Fälle aus früherer Zeit, finden dagegen vergleichsweise nur wenig Interesse.[3] Auf der Osnabrücker Tagung „Religionen in der Migration" im Jahre 2005 ging es beispielsweise vor allem um den Islam sowie speziell um die religiöse Erziehung von Muslimen in deutschen Schulen, auch um interreligiöses Lernen. Das heißt, im Zentrum dieser Tagung standen aktuelle Fragen, die die Integration von Muslimen in Deutschland betreffen. Das ist selbstverständlich wichtig, thematisiert aber nur einen relativ kleinen Ausschnitt aus dem weiten Themenfeld von Migration und Religion. Ähnlich orientiert sind auch die Überlegungen des Sachverständigenrats für Zuwanderung und Integration. Probleme der Integration der Muslime wurden auch auf dem Integrationsgipfel der Bundesregierung diskutiert sowie auf der von dem früheren Bundesminister des Inneren Wolfgang Schäuble einberufenen Deutschen Islam Konferenz.

Das reiche historische Anschauungsmaterial zum Themenbereich Migration, Religion und Integration wurde

---

[3] Einige wichtige Arbeiten liegen vor. Siehe zum Beispiel M. Baumann, *Migration, Religion, Integration. Buddhistische Vietnamesen und hinduistische Tradition in Deutschland*, Marburg 2000; G. Klinkhammer, *Moderne Formen islamischer Lebensführung. Eine qualitativ-empirische Untersuchung zur Religiosität sunnitisch geprägter Türkinnen der zweiten Generation in Deutschland*, Marburg 2000; C. Krampen, *Zuwanderung aus Polen und die katholische Kirche in Bremen. Migration in der modernen Gesellschaft*, Hamburg 2005; M. M. Jansen, S. Keval (Hg.), *Religion und Migration. Die Bedeutung des Glaubens in der Migration*, Frankfurt a. M. 2007; A. Lauser, C. Weißköppel (Hg.), *Migration und religiöse Dynamik. Ethnologische Religionsforschung in transnationalem Kontext*, Bielefeld 2008; J. Fuhse, „Religion in der Migration. Ein Blick auf das Einwanderungsland Deutschland", in: vorgänge 73, 2006, S. 54–62.

dagegen bisher erst zum Teil erschlossen und ausgewertet. Dabei ist Historikern das besondere Schicksal religiöser Minderheiten sehr wohl bekannt, die in den Jahrhunderten seit der Reformation aus ihrer Heimat vertrieben wurden. Erwähnt seien die Anhänger des Menno Simons, die Mennoniten, die quer durch Europa getrieben wurden, ehe sie sich schließlich im 19. Jahrhundert in den USA und in Kanada niederlassen konnten, ohne von den etablierten Kirchen belästigt und verfolgt zu werden, die den strikten Pazifismus der Mennoniten ablehnten. Zu erinnern ist ferner an das exzeptionelle Schicksal der französischen Protestanten des 17. Jahrhunderts, der Hugenotten, denen, wollten sie nicht zum Katholizismus konvertieren, nach 1685 nur der Weg ins Exil blieb. Die Hugenotten fanden in vielen Ländern Europas und sogar in der Neuen Welt eine neue Bleibe. Ähnlich war das Schicksal der Salzburger Protestanten, die 1731 das Erzbistum Salzburg verlassen mussten und deren Weg ebenfalls quer durch Mitteleuropa führte. Sie ließen sich an vielen Orten nieder, auch in den englischen Kolonien in Nordamerika. Erwähnt seien schließlich auch die sogenannten Altlutheraner. Sie lehnten die preußische Kirchenpolitik einer Union von Lutheranern und Calvinisten strikt ab und emigrierten in den 1830er und 1840er Jahren in den Mittleren Westen der USA und zum Teil auch nach Südaustralien.[4]

Dieses letzte Beispiel ist kaum bekannt. Dabei enthält es bemerkenswerte Bezüge zur aktuellen Situation in Europa. Mitte und Ende der 1830er Jahre entschieden sich aus Protest gegen die offizielle preußische Kirchenpolitik Tausende der sogenannten Altlutheraner, ihre Heimat in Brandenburg

---

[4] Dazu H. Lehmann, „South Australian German Lutherans in the Second Half of the Nineteenth Century. A Case of Rejected Assimilation?", in: Journal of Intercultural Studies 2/2, 1981, S. 24–42; ders., „Conflicting Kinds of Loyalty. The Political Outlook of the Australischer Christenbote, Melbourne, 1867–1910", in: Journal of Intercultural Studies 6/2, 1985, S. 5–21.

und in Schlesien zu verlassen. 1838 siedelten mehrere Hundert von ihnen in Südaustralien, zumeist in den Tälern hinter der Stadt Adelaide. Diese erste Siedler- beziehungsweise Emigrantengeneration mied den Kontakt mit der englischen Mehrheitsgesellschaft in Südaustralien. Unter Führung ihres Pastors August Kavel waren sie überzeugt, Gott habe sie ans Ende der Welt in die Wüste geschickt, um dort den in Deutschland bedrohten wahren lutherischen Glauben rein zu erhalten und zu bewahren. Sie glaubten fest an die baldige Wiederkunft Christi und an den Beginn des Tausendjährigen Reichs, in dem sie zusammen mit Christus leben, ihre Feinde dagegen von Christus verdammt würden.

Bereits 1846 kam es bei den Lutheranern in Südaustralien zur ersten Kirchenspaltung. Pastor Gotthard Fritzsche, den Kavel als Helfer gewonnen hatte, lehnte den Chiliasmus ab, betonte dagegen umso mehr die Bedeutung der lutherischen Orthodoxie. Etwa ab 1860 waren die Lutheraner in Südaustralien und im angrenzenden Staat Victoria in drei verfeindete Lager gespalten. Die Jünger Kavels gründeten die *Immanuel-Synode*. Sie waren überzeugt, in Deutschland herrsche mit dem Liberalismus und dem Sozialismus der Teufel. Unverändert glaubten sie, ihr Exodus besitze eine heilsgeschichtliche Bedeutung. Deshalb feierten sie jährlich das Auswanderungsfest. In Opposition gegen alles Englische begann eine jüngere Generation erst etwa ab 1900 die Lage in Deutschland wieder etwas positiver zu beurteilen.

Die Anhänger von Fritzsche sammelten sich in der so genannten *Australischen Synode*. Da Gott Luther das wahre Evangelium in der deutschen Sprache geschenkt habe, war die Verteidigung des Deutschtums für sie ebenso wichtig wie die Bewahrung der lutherischen Orthodoxie. Sie lehnten es aber ab, Pastoren oder Missionare aus Deutschland zu holen. Da sie selbst nicht in der Lage waren, ein Seminar zu gründen, in dem Pastoren ausgebildet wurden, entschieden sie sich Ende des 19. Jahrhunderts, ihre Geistlichen von der Missouri-Synode in St. Louis zu holen, das heißt von den Altlutheranern, die in den Mittleren Westen der Vereinigten Staaten ausgewandert waren. Schon vor 1914 waren es dann jedoch eben diese altlutherischen Geistlichen aus den USA, die darauf drängten, in der Australischen Synode neben den traditionellen deutschsprachigen auch englischsprachige Gottesdienste einzuführen. Nur so könne man sicherstellen, argumentierten die amerikanischen Glaubensbrüder, dass auch die nächste Generation dem Luthertum treu bliebe.

Noch einmal anders verhielten sich die Angehörigen der so genannten *Victoria-Synode*. Diese Lutheraner waren stolz auf ihre deutsche Vergangenheit und stolz auf Deutschland. Nach der Reichsgründung 1871 ließen sie keine Gelegenheit aus, ihre Treue zum Deutschen Reich unter Beweis zu stellen. Im Burenkrieg 1898 zeigten sie offen ihre Sympathie für die Buren. Schon um 1900 propagierte ihr Anführer, Pastor Hermann Herlitz, Australien solle sich von Großbritannien lösen und in ein multinationales und multikulturelles Gemeinwesen verwandeln.

Was wir somit konstatieren können, ist eine höchst erstaunliche Konstellation: Von der gleichen Ausgangslage aus bildeten sich unter den lutherischen Siedlern in Südaustralien und in Victoria binnen weniger Jahrzehnte drei völlig verschiedene Lager. In allen drei Lagern wurde die Religion der Väter hochgehalten, in allen drei Lagern wurde die Assimilation in die britisch dominierte Mehrheitsgesellschaft in Südaustralien und in Victoria abgelehnt, in jedem dieser drei Fälle wurde dafür aber eine völlig unterschiedliche Begründung gegeben. Das Ende dieser Sondergesellschaften oder Parallelgesellschaften, wie man sie heute vielleicht nennen würde, kam 1917. Mit energischem Zugriff beendete die australische Regierung den Gebrauch der deutschen Sprache in Kirche und Schule. Deutsche Ortsnamen wurden durch Namen von Aborigenes oder durch englische Namen ersetzt, ebenso die deutschen Namen, die die Siedler Bergen oder Flüssen gegeben hatten. Erstaunlich ist das Ergebnis: Vehement lehnten speziell in Südaustralien fast alle Lutheraner diese Zwangsassimilierung ab. Mitte der 1930er Jahre zeigten einige von ihnen offene Sympathien für den Nationalsozialismus. Längerfristig gesehen eröffnete diese Zwangsanglisierung den Angehörigen einer neuen Generation aber Chancen, die sie bisher nicht gehabt hatten. In den deutschen Siedlungen hatten nämlich nur Volksschulen bestanden, aber keine weiterführenden Schulen. Nachdem das Englische die Verkehrssprache geworden war, konnten nach 1918 Kinder aus lutherischen Familien höhere Schulen besuchen, viele auch die Universität. Aus Familien, in denen bisher nur eine Tätigkeit in der Landwirtschaft als gesellschaftliche Norm gezählt hatte, kamen nun Ärzte, Techniker, Lehrer.

Für alle, die sich für den Zusammenhang von Migration, Religion und Integration interessieren, enthält dieses Beispiel somit eine doppelte Lehre: Die Persistenz separatistischer Religiosität ist gefährlich, wenn sie zu einer sozialen Rückständigkeit führt. Und ferner: Die Kenntnis der Sprache der Mehrheitsgesellschaft ist eine unabdingbare Voraussetzung für eine erfolgreiche Integration.

Dieser Fall wurde so ausführlich diskutiert, weil es, blickt man etwas weiter in die Vergangenheit zurück, ganz offensichtlich ein reiches Anschauungsmaterial zum Zusammenhang von Migration und Religion gibt sowie auch zu den Möglichkeiten und Grenzen einer erfolgreichen Politik der kulturellen, sozialen, wirtschaftlichen und politischen Integration der Migranten. Dieses Anschauungsmaterial wird in den neueren Studien, die zum Thema „Religion und Migration" vorliegen, nur unzureichend ausgewertet. Vor allem aus den Erfahrungen, die seit dem 18. Jahrhundert in den USA gesammelt wurden, lässt sich auch heute noch viel lernen. Nicht dass es in den USA nicht auch Gewalt gegen Migranten gegeben hätte. Vor allem katholische Immigranten stießen im 19. Jahrhundert in den USA auf massive Vorurteile. In den USA wurden von Anfang an aber auch viele Versuche unternommen, die das Ziel hatten, den Neuankömmlingen soziale und wirtschaftliche Chancen zu eröffnen und diese auch politisch zu integrieren. Die USA können somit vom 18. bis zum 20. Jahrhundert, vor allem aber im 19. Jahrhundert, als ein großes Laboratorium in Sachen Migration, Religion und Integration angesehen werden. Es ist, aufs Ganze gesehen, durchaus erstaunlich, wie wenig die Erfahrungen, die in den USA mit Neubürgern aus der ganzen Welt gemacht wurden, in Europa in den Diskussionen über Migration, Religion und Integration herangezogen und ausgewertet werden.

Die politisch akzentuierte und im Hinblick auf das Thema „Migration, Religion und Integration" verständliche Orientierung an aktuellen Problemen und die damit einhergehende Fokussierung auf die Muslime beziehungsweise den Islam in Deutschland hat die Herausbildung von einschlägigen Theorien bestimmt und zugleich begrenzt. Religion erscheint in den Prozessen der Migration und Integration fast ausschließlich als ein Faktor, der Differenzen schafft und Differenzen erklärt. Religion wird somit als der ausschlaggebende Identitätsmarker, wie Religionssoziologen sagen, gesehen, das heißt als der entscheidende Teil der individuellen und kollektiven Identität der Migranten. Dabei wird häufig übersehen, dass die in Deutschland lebenden Muslime keineswegs eine homogene Gruppe bilden, sondern nach Herkunft, sozialen Aspirationen und religiöser Einstellung außerordentlich unterschiedlich sind. Außerdem werden weder mögliche Zusammenhänge zwischen der Migrationserfahrung und einer Stärkung oder auch einer Schwächung religiöser Bindung erörtert noch werden neben den Muslimen andere Gruppen mit in die Betrachtung einbezogen, Christen aus Afrika zum Beispiel, und unter den Christen wiederum solche mit einer traditionellen katholischen oder evangelischen Ausrichtung und andere mit einer charismatischen sowie auch fundamentalistischen Orientierung. Mit anderen Worten: Das weite Feld der Theoriebildung zu den Zusammenhängen von Migration, Religion und Integration wurde bislang erst zum Teil erschlossen und definiert.

Erst in jüngster Zeit wurden verschiedene Versuche unternommen, um die komplexen Zusammenhänge zwischen Migration, Religion und Integration zu erhellen. Auch dazu einige Beispiele. Auf Initiative der Beauftragten der Bundesregierung für Migration, Flüchtlinge und Integration sowie des Religionswissenschaftlichen Medien- und Informationsdienstes (REMID) ist vor einigen Jahren ein Netzwerk „Migration und Religion" entstanden, von dem im Jahre 2004 eine erste Fachtagung durchgeführt wurde. Ferner: Auf der dritten Europäischen Ökumenischen Versammlung, die 2007 in Hermannstadt in Rumänien stattfand, sprach der Präsident der Europäischen Kommission, José Manuel Barroso, über das Thema „Migration und Religion" und rief die Kirchen auf, einen Beitrag zur Lösung der Probleme zu leisten, die aus der Migration resultierten. Nur so könne in Europa eine „Einheit in Vielfalt" entstehen. Auf der gleichen Versammlung erklärte der Präsident der Parlamentarischen Versammlung des Europarats, René van der Linden, der interkulturelle und interreligiöse Dialog sei eine der größten Hoffnungen für den Weg zum Frieden.

Einige weitere Veranstaltungen und Projekte mit ähnlichen Zielsetzungen seien ebenfalls erwähnt. Aus Anlass der 42. Verleihung des Theodor-Heuss-Preises veranstaltete im Jahr 2007 die Theodor-Heuss-Stiftung in Stuttgart eine

Tagung zum Thema „Religion und Integration in Europa".
Bezeichnenderweise ging es auch hier vor allem um die Integration von Muslimen. Ein weiteres Beispiel ist die Summer
Research Group der Jacobs Universität in Bremen. Dort
forschten 2008 und 2009 jeweils vier Fellows über das
Thema „Jugendreligion und Migration". Erfreulich ist,
dass in jüngster Zeit auch die historischen Aspekte des The-
mas etwas mehr Aufmerksamkeit finden. So hat 2009 die
Historische Kommission des Deutschen Nationalkomitees
des Lutherischen Weltbundes eine Tagung zum Thema „Migration und Konfession – Konfessionelle Identitäten in der
Flüchtlingsbewegung nach 1945" durchgeführt, auf der
viele Aspekte des Zusammenhangs von Migration und Religion gründlicher, als das bisher geschehen war, diskutiert
wurden. Wichtige neue Einsichten sind schließlich von einem unter der Leitung von Irene Dingel in Mainz in der Ab-
teilung Abendländische Religionsgeschichte des Instituts für
Europäische Geschichte durchgeführten Projekt zum Thema
„Erzwungenes und selbst gewähltes Exil – Migration und
Exil im Luthertum des 16. Jahrhunderts" zu erwarten.

Festzuhalten ist somit, dass das Thema „Migration, Religion und Integration" nicht mehr ein Schattendasein am
Rande der Migrationsforschung führt, sondern inzwischen
entdeckt worden ist. Es ist deshalb zu erwarten, dass sich
die Forschungslage binnen weniger Jahre deutlich verbessern wird. Zu fragen ist jedoch, wie die komplexen Zusammenhänge von Migration, Religion und Integration syste-
matisiert und analysiert werden können, ohne dass man
dabei auf die gerade bei diesem komplexen Thema notwen-
digen Differenzierungen verzichtet.

Besondere Aufmerksamkeit verdient die Verstärkung
oder auch die Abschwächung religiöser Gefühle und religiöser Bindungen im Zuge des Prozesses der Migration. So ist
die Migration größerer geschlossener religiöser Gemein-

schaften zu unterscheiden von den religiösen Erfahrungen, die Einzelne, Familien oder auch kleinere Gruppen im Zuge einer freiwilligen oder auch einer erzwungenen Migration machen.[5] Bei der Auswanderung von relativ geschlossenen religiösen Gemeinschaften sind drei Phasen von besonderem Interesse:

Erstens der Schmerz beim Verlassen der alten Heimat, der allerdings abgemildert wurde, wenn die Angehörigen dieser Gemeinschaft unter religiöser Verfolgung hatten leiden müssen. Je größer und je geschlossener die migrierende Gruppe war, desto besser konnten sich die Migranten gegenseitig helfen.

Zweitens sollten die Umstände bei der Ankunft in der neuen Heimat untersucht werden. Dabei konnte die Gemeinschaft das, was insbesondere einzelne Flüchtlinge als Kulturschock empfanden, auffangen: Man blieb ja schließlich zunächst weitgehend unter sich.

Drittens konnten sich religiöse Bindungen auch bei der Ansiedlung in der neuen Heimat noch einmal verändern. Wenn alle Migranten beisammen blieben und gemeinsam eine neue Siedlung anlegten, dann war es entscheidend, wie sich in den folgenden Jahren die Kontakte zum neuen Umfeld entwickelten. Im eigenen Bereich konnte man zunächst die eigene Sprache weiter verwenden sowie Gottesdienste in der hergebrachten vertrauten Form feiern. Bekannte blieben Bekannte, die alten Nachbarn waren auch die neuen Nachbarn. Nur wenn die Anführer solcher Gruppen die Emigration theologisch erklärten und die Migration als gottgewollte Führung seines Volkes in der letzten Zeit vor Christi Wiedergeburt deuteten, konnte sich das religiöse Klima in solchen Gemeinschaften erhitzen.

---

[5] Dazu H. Lehmann (Hg.), *Migration und Religion im Zeitalter der Globalisierung*, Göttingen 2005, S. 7–13.

Das war beispielsweise bei der Gemeinschaft von Johann Georg Rapp der Fall, die zu Beginn des 19. Jahrhunderts von Württemberg nach Nordamerika auswanderte, oder auch bei den von mir bereits erwähnten Altlutheranern um Pastor Kavel in Südaustralien. An eine besondere Erwählung glaubten auch die Anhänger von Christoph Hoffmann, der in den 1860er Jahren zusammen mit mehreren Hundert Anhängern Württemberg verließ und in dem Glauben, Christus werde bald wiederkehren, in Palästina mehrere Siedlungen anlegte. Interessant ist, dass diese „deutschen Templer", wie sie genannt wurden, sich schon nach kurzer Zeit von ihren eschatologischen Hoffnungen lösten. Im harten Alltag der Ansiedlung in einem ungewohnten Klima blieb nur wenig Zeit für religiöse Spekulationen.

Bei den allermeisten Migrationen von religiösen Gemeinschaften lässt sich ein ähnliches Verlaufsmuster beobachten: Zunächst wurde im fremden Land die eigene Identität verstärkt. Die eigene Religiosität erhielt dabei eine besondere Relevanz. Nach einigen Jahrzehnten nahmen dann aber in der Regel die Kontakte zu den Nachbarn im Umfeld zu, also zu den Angehörigen der Mehrheitsgesellschaft. Meist waren es wirtschaftliche Notwendigkeiten, die dazu führten, dass man die neue Sprache lernte. Über Jahrzehnte hinweg wurden aber, wie viele Beispiele beweisen, die Gottesdienste noch in der alten Sprache gefeiert. Man sang immer noch die Lieder aus den Gesangbüchern, die die Altvorderen mit aus der alten in die neue Heimat gebracht hatten. Wie es scheint, war der weitere Fortgang dann aber von Fall zu Fall verschieden. In manchen Gemeinschaften verloren die religiösen Sondertraditionen relativ rasch ihre Bedeutung, in anderen wurden sie über mehrere Generationen weiter gepflegt. Manche der religiösen Sondersiedlungen lösten sich sukzessive auf, andere bestanden auch in der dritten und vierten Generation weiter. In einigen Fällen erinnerten nur noch die Namen daran, dass bestimmte Familien von Migranten abstammten, in anderen Fällen legten die Familien großen Nachdruck darauf, dass ihre Kinder einen Nachkömmling aus einer anderen Migrantenfamilie heirateten.

Bei der Migration von Einzelpersonen, Familien und sehr kleinen Gruppen sollte man, wenn man den Blick auf die mögliche Veränderung von religiösen Gefühlen und religiösen Bindungen richtet, sechs verschiedene Phasen beziehungsweise sechs möglicherweise kritische Stufen unterscheiden: *Erstens* den Blick auf das, was in der amerikanischen Literatur als „uprooting" bezeichnet wird: Das Entwurzeln, die schmerzhafte Trennung von der alten Heimat, den alten Freunden, der hergebrachten Lebenswelt; *zweitens* die Reise ins Ungewisse, bei der, wie wir aus Tagebüchern und Briefen wissen, das Gebet häufig der einzige Halt war, den die Migranten, die um ihr Leben fürchteten, noch hatten; zu untersuchen wäre des Weiteren *drittens* der Kulturschock nach der Ankunft im neuen Land, der oft zu einer Rückbesinnung auf die eigene Identität, auch auf den eigenen Glauben führte; ferner *viertens* die Hilfe, die Neuankömmlinge im neuen Land erfuhren, und das war etwa in den USA bezeichnenderweise häufig Hilfe durch religiöse Gruppen oder Kirchengemeinden, was wiederum *fünftens* zum Anschluss an eben diese Kirchengemeinden im neuen Land führen konnte. Zu erörtern wären schließlich *sechstens* die Umstände bei der Eingewöhnung in das neue religiöse Milieu, oft mit der Konsequenz, dass in dem Maße, in dem neue persönliche und religiöse Bindungen entstanden, der alte Glaube verloren ging.

Auf allen genannten Stufen konnten religiöse Gefühle intensiviert oder auch, wenn Ängste und Bedrohungen nicht in neues Vertrauen umgesetzt wurden, ebenso auch relativiert werden. Und selbstverständlich war es möglich, dass die Migrationserfahrungen nicht in allen Phasen, die hier unterschieden wurden, sich auf religiöse Gefühle und Bindungen auswirkten. So waren beispielsweise bei allen, die innerhalb von Europa aus eigenem Entschluss oder aus Zwang an einen neuen Ort zogen, die Reisegefahren eher gering. Auch der Kulturschock dürfte sich bei diesen Gruppen in Grenzen gehalten haben. Deshalb ist es in jedem Fall notwendig, einzelne Migrationsschicksale genau anzusehen und voneinander zu unterscheiden. Die polnischen Katholiken, die in den späten 1880er Jahren nach Kiel kamen, um am Bau des Kaiser-Wilhelm-Kanals (heute: Nord-Ostsee-Kanal) mitzuwirken, hatten keine gefährliche Reise zu bestehen, sie lebten in Kiel in protestantischer Umgebung aber weitestgehend isoliert, fast ghettoisiert. Die Türken, die hundert Jahre später nach Kiel kamen, mussten wie alle ihre Landsleute, die in Deutschland Arbeit suchten, zunächst einen Kulturschock verdauen. Viele von ihnen waren und sind aber immer wieder auch einem gewissen Grad an Diskriminierung ausgesetzt. Die meisten von ihnen ziehen daraus die Konsequenz, dass sie in einem bestimmten Stadtteil leben, wo sie heute weitgehend unter sich sind. Für emigrierende Schwarzafrikaner ist dagegen, wie wir fast tagtäglich lesen können, die Reise über das Mittelmeer nach Italien eine Reise auf Leben und Tod, und diejenigen, die diese Reise überstehen, müssen erfahren, dass sie in Europa eigentlich nirgendwo willkommen sind. Insbesondere afrikanische Christen ziehen daraus die Lehre, dass sie sich nicht den etablierten Kirchen in Europa anschließen, sondern sich in neuen kleinen Gemeinden zusammenfinden. Von solchen Gemeinden gibt es inzwischen in einer Stadt wie Hamburg mehrere Dutzend. Die Umstände sind aber von Fall zu Fall durchaus verschieden. So schlossen sich zum Beispiel viele der deutschen Juden, die von den Nationalsozialisten vertrieben wurden und die in die USA emigrierten, interessanterweise den Quäkern an, nicht zuletzt, weil es die Quäker gewesen waren, die ihnen nach der Ankunft in den USA selbstlos und tatkräftig geholfen hatten.

Aus diesem Befund lassen sich einige Schlussfolgerungen ziehen: Erstens gilt es, so scheint mir, will man mit dem Thema „Migration, Religion und Integration" angemessen umgehen, den Blick nicht nur auf die Gegenwart zu richten, sondern auch auf die Vergangenheit, zumindest auf die jüngere Vergangenheit. Nur auf diese Weise kann man vermeiden, dass mögliche Erkenntnisse und Schlussfolgerungen nicht allein von aktuellen Problemlagen bestimmt werden.

Notwendig ist es zweitens, nicht nur die Spannungen zwischen türkisch-muslimischen Neubürgern und den mehr oder weniger säkularisierten deutschen Altbürgern auszuloten, sondern auch die weiteren Dimensionen des Zusammenhangs von Migration, Religion und Integration zu thematisieren: Das Schicksal der Russlanddeutschen beispielsweise oder auch die Erfahrungen der Immigranten aus Schwarzafrika und Asien sowie nicht zuletzt auch die Lebensläufe von Immigranten mit einer starken christlichen Bindung, die sich in den deutschen Kirchen nicht wohl fühlen und nach neuer Gemeinschaft suchen.

Notwendig sind somit interdisziplinär angelegte vergleichende Studien, in denen der Blick über den aktuellen deutschen Erfahrungshorizont hinaus gerichtet wird. Nur so können die besonderen Probleme in Deutschland richtig beurteilt und eingeordnet werden. Am wichtigsten dürften vergleichende Studien sein, in denen das Schicksal und die religiösen Bindungen unterschiedlicher Migrantengruppen miteinander verglichen werden; ferner Studien, in denen die verschiedenen Phasen der Migrationserfahrung im Hinblick auf religiöse Gefühle ausgewertet werden; Studien schließlich, die binnendeutsche und binneneuropäische Migrationen ebenso ernst nehmen wie die Migration in einem transnationalen und globalen Rahmen. Bei solchen Vergleichen sind Historiker und Politikwissenschaftler ebenso gefordert wie Religionssoziologen und Religionspsychologen, Kulturwissenschaftler und Ethnologen ebenso wie Juristen und Sprachwissenschaftler. Denn nur durch interdisziplinäre und internationale Erkundungen können wir Einblicke in die Ursachen, die Bedeutung und die Folgen der Migrationen bekommen, die eben nicht nur das Schicksal Europas seit Jahrhunderten beeinflusst haben, sondern die das Gesicht Europas in unserer Gegenwart in außerordentlichem Maße bestimmen. Verständlicherweise interessiert uns dabei besonders, welche Auswirkungen die religiöse Haltung der Migranten in unserer Zeit hat und möglicherweise in den kommenden Jahrzehnten haben mag. Ist zu erwarten, dass die Migranten dazu beitragen, dass sich die Bewohner des heute weithin säkularisierten Europa wieder mehr dem Sinn und der Bedeutung der Religionen zuwenden werden? Werden die Migranten bewirken, dass in Europa in den kommenden Jahrzehnten der religiöse Pluralismus zu einer bestimmenden politischen, sozialen und kulturellen Kraft wird? Welche Vorkehrungen sind dann aber zu treffen, damit der religiöse Pluralismus nicht religiöse Konflikte generiert, die sich zu politischen und sozialen Konflikten auswachsen? Wie viel Einheit in der Vielfalt ist notwendig, wie viel kulturelle Vielfalt ist möglich? Die Diskussion über die derzeitige sowie auch die künftig mögliche Rolle der Religionen in den westlichen Gesellschaften führt somit direkt zu grundlegenden Fragen an die politische Verantwortung und an die Gestaltungskraft der politischen Parteien in den einzelnen europäischen Ländern und im vereinten Europa.

II. Vom Konflikt zum Dialog

Hans Joas

Religion und Gewalt. Bedingungen für die Friedensfähigkeit von Religionen

Am Anfang dieses Beitrags[1] steht eine längere persönlich gefärbte Bemerkung, die allerdings hoffentlich über das Persönliche hinaus in den Kern der Fragestellung führt, mit der ich mich hier auseinandersetzen will. Seit etwa zwei Jahrzehnten sind meine beiden hauptsächlichen empirischen Arbeitsgebiete die Soziologie von Krieg und Gewalt einerseits, die Soziologie der Religion und der Werte andererseits. Dennoch habe ich in dem ganzen Zeitraum praktisch nichts zu der doch scheinbar naheliegenden Aufgabe beigetragen, diese beiden Arbeitsgebiete zu verknüpfen, und dies, obwohl man sich – vor allem nach dem 11.9.2001 – vor Einladungen, über den Zusammenhang von Religion und Gewalt zu sprechen oder zu schreiben, kaum retten konnte. Mein Widerwille gegen diese Themenstellung war zunächst rein spontan und intuitiv. Er ergab sich vermutlich aus einer Abneigung gegen stillschweigende Präsuppositionen der Fragesteller. Mir leuchtete (und leuchtet) ja nicht ein, wie man nach dem Ende eines Jahrhunderts, in dem die größten Menschheitsverbrechen aller Zeiten von säkular-utopistischen kommunistischen

---

[1] Vorliegender Text erschien im Kohlhammer Verlag als Erstabdruck unter dem Titel „Welche Gestalt von Religion für welche Moderne? Bedingungen für die Friedensfähigkeit von Religionen angesichts globaler Herausforderungen" in: J. Casanova, H. Joas u. a., *Religion und die umstrittene Moderne*, hg. von M. Reder, M. Rugel, Stuttgart 2010 (Bd. 19 in der Reihe: „Globale Solidarität – Schritte zu einer neuen Weltkultur", herausgegeben von N. Brieskorn, G. Enderle u. a.).

Regimes und von den Nationalsozialisten verübt wurden, die sich zwar tragischerweise beträchtlicher Unterstützung von Christen erfreuten, aber eigentlich auf eine Überwindung und Beseitigung aller transzendenzbezogenen Religion zielten – wie man es nach diesen Verbrechen überhaupt naheliegend finden kann, die größte Friedensgefahr im religiösen Glauben zu sehen. Oft wird ja in diesen Zusammenhängen ganz unreflektiert der Glaube als etwas gefährlich Irrationales behandelt, das nur durch die Zurückdrängung auf die Privatsphäre unschädlich zu machen sei, während der säkularen Vernunft erstaunlicherweise ebenso pauschal friedlich-aufklärerische Züge attestiert werden.

Gegen einen solchen spontanen Widerwillen muss man natürlich selbst misstrauisch sein. Es könnte ja sein, dass man – gewissermaßen verliebt in die Schönheit des Glaubens – den Gefahren nur nicht ins Auge sehen will, die sich aus der Religion ergeben, dass man die Untaten, die im Namen des Glaubens verübt wurden, gewohnheitsmäßig bagatellisiert und selektiv nur das wahrnimmt, was den eigenen gegenwärtigen Wertvorstellungen nahesteht. Das entspricht zwar auch bei genauer Prüfung nicht wirklich meinem eigenen Selbstbild, aber es steckt doch in der Fremdwahrnehmung des Christentums vieles davon. „Belehrt" etwa von Karlheinz Deschners „Kriminalgeschichte des Christentums" oder den Thrillern Dan Browns neigen viele Zeitgenossen dazu – nach einer schönen Formulierung Charles Taylors – jeden Katholiken so zu betrachten, als arbeite er Tag und Nacht an der Wiedereinführung der heiligen Inquisition. Manchmal muss man sich einer Fragestellung deshalb auch entziehen, will man nicht dazu beitragen, die unsinnigen Präsuppositionen des Fragestellers zu perpetuieren.

Es gibt aber noch einen weiteren Grund für meinen Widerstand – und dieser ist von größerer wissenschaftlicher Bedeutung. Geschult am amerikanischen Pragmatismus

und der Soziologie Max Webers und anderer deutscher
Denker im Übergang vom Historismus zur modernen So-
zialwissenschaft, bin ich es gewohnt, alle Phänomene aus
der Perspektive des menschlichen Handelns zu analysieren.
Auch „Religion" und „Gewalt" sind in dieser Perspektive
nur verständlich und erklärbar, wenn man sie auf die mit ihnen verbundenen Erfahrungen und Handlungen bezieht.
Damit wird schon im ersten Schritt erkennbar, dass Religionen überhaupt keine Entitäten sind, die handeln können –
ebenso wenig übrigens wie Kulturen oder Zivilisationen,
weswegen die These von deren Zusammenprall („clash of
civilizations") von vornherein als kategorialer Missgriff erscheint. Der Begriff der Religion stellt eine doppelte Abstraktion dar. Er abstrahiert einerseits von der Vielfalt von
Glaubensrichtungen, die ja so unterschiedlich sind, dass
verallgemeinernde Aussagen etwa zu ihrer politischen Bedeutung von vornherein als hoffnungslos erscheinen. Mich
überrascht, wenn etwa von der Unentbehrlichkeit „der Religion" für die Demokratie geredet wird, da der Sprecher
vermutlich nicht an die besondere Affinität des Totemismus
der australischen Urbevölkerung zum Grundgesetz erinnern
wollte. Max Weber, von Hause aus Jurist, begann fast jedes
Kapitel des als „Wirtschaft und Gesellschaft" auf uns ge-
kommenen Werkes mit pedantischen Definitionen, nicht
aber das über Religion, wo er ausdrücklich festhielt, dass
sich hier eine sachgerechte Bestimmung nicht von vornherein festlegen, sondern nur durch den Durchgang durch
die Vielfalt der Phänomene gewinnen ließe.[2]
      Die Rede von „der" Religion stellt aber auch noch in ei-
ner zweiten Hinsicht eine Abstraktion dar, die in die Irre
führen kann, wenn man sich ihres Abstraktionscharakters
nicht bewusst ist. Wir sollten uns auch die gläubigsten Men-

---

[2] M. Weber, *Wirtschaft und Gesellschaft*, Tübingen 1922, S. 227.

schen nie als ausschließlich religiös vorstellen. Alle Menschen mit Glaubensüberzeugungen befinden sich in komplexen Lebenssituationen, in denen sie auch vielfältige körperliche und seelische Bedürfnisse, wirtschaftliche und politische Interessen haben, die sich nicht einfach aus ihrer Religion ergeben. Kein Mensch lebt ständig in außeralltäglichen Zuständen, und die Weise, in der wir unser Alltagsleben führen, ist nicht völlig von den Sinnorientierungen geprägt, die wir in außeralltäglichen Erfahrungen gewonnen haben. Auch wer an einen Flussgott glaubt, kann wissen, dass Dammbauten gegen Überschwemmungen schützen. Wir müssen deshalb das Handeln religiöser Individuen und Gemeinschaften in konkreten Situationen studieren und dürfen nicht so tun, als könnten wir aus einer Religion deduktiv ableiten, was sie für dieses Handeln bedeutet.

Analoges gilt für das Verständnis von Gewalt. Auch diese ist keine Entität, der sich sinnvoll bestimmte Attribute zuschreiben ließen. Zwar ist ein großer Teil konventioneller Gewaltforschung so angelegt, als seien bestimmte sozialstrukturelle Merkmale der Täter ausschlaggebend, soziale Benachteiligungen etwa, die es rational machten, auch mit Gewalt gegen Bessergestellte oder Unterdrücker vorzugehen, vielleicht auch gegen Sündenböcke oder so, dass die Öffentlichkeit durch den schockierenden Charakter der Taten auf etwas aufmerksam gemacht wird. Diese Art von Gewaltanalyse ist aber ebenso defizitär wie die Versuche, aus bestimmten Werten und Normen, etwa einer tradierten Kultur der Gewaltsamkeit, oder gerade aus dem Fehlen von Werten, etwa durch generelle Permissivität oder die Freisetzung eines radikalen Individualismus, die Erklärung für Gewalttaten abzuleiten. Beide Erklärungsweisen haben einen gemeinsamen Mangel. Sie sind relativ stumm, wenn es um den Zeitpunkt geht, an dem ein Gewaltausbruch begann, und um die innere Dynamik des Gewaltgeschehens sowie seine Ausbrei-

tung. Wir dürfen aber nicht Unzufriedenheit mit gesellschaftlichen Missständen oder negative Einstellungen gegenüber
bestimmten Kategorien von Mitbürgern als eine Art Vorstufe
der Gewaltbereitschaft missverstehen. Für viele Menschen
folgt aus Unzufriedenheit oder Vorurteil vielerlei, nur keine
Gewalttat, und umgekehrt sind viele Gewalttaten gerade
durch eine weitgehende Wahllosigkeit in bezug auf die Opfer
charakterisiert. Wenn wir über Gewalt sprechen, müssen wir
deshalb über die interpersonale Dynamik der Eskalation und
über die intrapersonale Dynamik der Folgen erfahrener Gewalt für das Handeln bestimmter Menschen sprechen.[3]

Die Beziehung zwischen „Religion" und „Gewalt" – und
an diese denken wir doch, wenn wir nach der Friedensfähigkeit von Religionen fragen – wird also von vornherein verfehlt, wenn sie als Beziehung zweier Entitäten aufgefasst
und dann nur noch unter den Gesichtspunkt kausaler Gesetzmäßigkeiten gebracht wird. Beide Seiten dieser Beziehung müssen durch den Bezug auf Handlung und Erfahrung
von Menschen erst einmal „geerdet" werden, um überhaupt sinnvolle Aussagen machen zu können.

Das ist umso wichtiger, als die Motive, die zu dieser – oft
schief ausgedrückten – Fragestellung führen, ja zutiefst verständlich und oft wahrlich dringend sind. Für die Beantwortung der Frage nach der Friedensfähigkeit von Religionen
ist es über den bisher empfohlenen Perspektivenwechsel hinaus wichtig, vier Fragestellungen klar voneinander zu unterscheiden, Fragestellungen, die oft ineinanderfließen,
wenn von diesen Themen gehandelt wird:

Die erste Fragestellung ließe sich als die des Verhältnisses
zwischen dem Heiligen und der Gewalt bezeichnen. Mit
dieser ist die elementarste Ebene der Religionstheorie berührt.

---

[3] H. Joas, *Kriege und Werte*, Weilerswist 2000, S. 272–284.

Die zweite Fragestellung betrifft dann *den* epochalen Wandel in der Religionsgeschichte schlechthin, der mit dem Stichwort Achsenzeit bezeichnet wird. Hierzu gehören auch die Debatten über den Zusammenhang von Monotheismus und Gewalt.

Die dritte Fragestellung betrifft die Lernprozesse innerhalb der nach-achsenzeitlichen Religionen hinsichtlich ihrer eigenen Gewaltpotentiale, besonders also die religiösen Wege zur Religionsfreiheit, zu Demokratie und Frieden.

Und die vierte Fragestellung zielt auf die Dynamik heutiger gewaltproduzierender Konfliktkonstellationen und ihre religiöse Dimension.

Ich werde im folgenden einige Gedankengänge zur Beantwortung dieser vier Fragen skizzieren und damit, soweit es in der gebotenen Kürze möglich ist, die Voraussetzungen dafür schaffen, um am Schluss aus einer bestimmten Konzeption von den Voraussetzungen des Friedens heraus meine Antwort hinsichtlich der Bedingungen für die Friedensfähigkeit von Religionen zu formulieren.

1. Das Heilige und die Gewalt

Zunächst einmal muss die unheimliche strukturelle Ähnlichkeit zwischen den ekstatischen Erfahrungen der Selbsttranszendenz und der Erfahrung von Gewalt in den Blick genommen werden. Es stellt eine unerträgliche Verharmlosung der Erfahrung des Heiligen dar, wenn dieses nur als probates Bindemittel für Gemeinschaften oder Gesellschaften aufgefasst wird. Dies entspricht schon nicht der tiefen Ambivalenz der Erfahrung des Heiligen, in der ja Faszination und Schrecken (Rudolf Ottos „tremendum")[4] in un-

---

[4] R. Otto, *Das Heilige*, München 1917 [1979].

löslicher Verknüpfung auftreten, weswegen das Heilige
immer auch als gefährlich erlebt wird, als etwas, das sorg-
sam eingehegt werden muss und dem man sich nur unter
ritualisierten Vorkehrungen oder nach Einweihung durch
Umgangserfahrene nähern darf. Insofern die Erfahrung
des Heiligen auch gerade eine Überschreitung des Alltags-
lebens darstellt, werden durch sie auch die Normen momentan außer Kraft gesetzt, die im Alltag das friedliche
Zusammenleben garantieren. Zustände der kollektiven
Ekstase (oder „Efferveszenz", wie Durkheim formuliert
hat)[5] gehen deshalb oft fließend über in sexuelle Entgren-
zungen und Gewalttaten. Religionen sind in solcher Freisetzung und im Versuch zur Kontrolle des Freigesetzten
fundiert. Die berühmte „Zwischenbetrachtung" in Max
Webers vergleichenden Studien zur Wirtschaftsethik der
Weltreligionen sollte nicht so sehr, wie es üblich ist, als
Nachweis der Ausdifferenzierung von Wertsphären in modernen Gesellschaften gelesen werden, sondern als Typolo-
gie der sensibel erfassten Konkurrenzverhältnisse verschiedener Arten der Erfahrung von Selbsttranszendenz:
religiöser, ästhetischer, erotischer, aber eben auch gewalt-
samer Erfahrungen dieser Art. Die Religionen können deshalb durchgehend kein neutrales Verhältnis zu den anderen Formen der Erfahrung von Selbsttranszendenz haben;
sie müssen diese anderen Zugänge zur Erfahrung der
Selbsttranszendenz entweder als Irrwege bekämpfen und
deshalb etwa Keuschheit, Gewaltlosigkeit oder Kunstlosig-
keit idealisieren – oder sie müssen umgekehrt diese Erfah-
rungswege als Formen des Religiösen deuten und damit
zum Beispiel das Erotische sakralisieren (wie im Tantra
oder im Hippietum), die Kunst in den Dienst der religiösen

---

[5] E. Durkheim, *Die elementaren Formen des religiösen Lebens*, Frankfurt
a. M. 1912 [1981].

Erfahrung stellen (wie im rauschhaften Barock bayerischer Kirchen oder in Bachs Musik) oder Gewalt im Kampf gegen Glaubensfeinde (wie in den Kreuzzügen oder bei den Attentätern vom 11.9.) zum „heiligen Krieg" stilisieren.

Nur eine schmale Grenze trennt die nüchterne Bereitschaft, der Ambivalenz des Heiligen als der elementarsten Schicht der Religion ins Auge zu sehen, von Mythisierungen dieses Gedankens, denen zufolge aus der Erfahrung der Gewalt selbst die ersehnten Bindekräfte moderner, angeblich vom Zerfall in atomisierte Massenindividuen bedrohter Gesellschaften hervorgehen. Diese Grenze wurde etwa während des Ersten Weltkriegs von Denkern wie Georg Simmel überschritten, als sie die Kriegserfahrung als die existenzielle Erfahrung einer „absoluten Situation" deuteten, d. h. als die affektive Erfahrung der unbedingten Geltung eines Werts für einen Handelnden, der spürt, dass sein bis zur Todesbereitschaft reichender Opferwille und Opfermut über alle rationalen Erwägungen und diskursiven Rechtfertigungen hinausgehen. Nach dem Krieg setzte sich dieses Motiv in der faschistischen Entmoralisierung der Gewalt bei Mussolini und auch im politischen Existenzialismus Carl Schmitts fort – ebenso aber in den antifaschistisch gezielten Überlegungen jener merkwürdigen Gruppe surrealistischer Durkheimianer, die sich „Collège de sociologie" nannte (Bataille; Caillois). Vor allem bei Caillois wurden Züge des modernen Krieges – wie seine gigantische Materialverschwendung, die Lizenz zur Gewalt, die immer weit über das unmittelbar instrumentell Nötige hinausgeht, die ekstatischen Verbrüderungen gemeinsam Kämpfender oder ganzer Nationen – als moderne Form kollektiver Ekstase in dem Sinn, wie Durkheim dies für Stammesreligionen beschrieben hatte, interpretiert.[6]

---

[6] H. Joas, W. Knöbl, *Kriegsverdrängung*, Frankfurt a. M. 2008.

Die Grenze zur Mythisierung wird aber nur dann wirklich respektiert, wenn einerseits die soziale Wirklichkeit
moderner Kriege sorgfältiger von der bloßen Projektion
von Erlösungshoffnungen auf sie unterschieden wird – und
andererseits auch die Differenz zwischen enthusiasmieren-
den Erfahrungen der Selbsttranszendenz und traumatisie-
renden Gewalterfahrungen begrifflich klar herausgearbeitet
wird. Die unfreiwillige Öffnung der Identifikationsgrenzen
ähnelt der wertkonstitutiven Erfahrung in ihrer biographie-
strukturierenden Kraft; sie unterscheidet sich aber von ihr,
da die Betroffenen in diesem Fall keine wertbegründende
Erzählung vortragen können oder doch erst, wenn ihnen
eine annähernde Heilung vom Trauma gelungen ist. Wie
wertkonstitutive Erfahrungen der Selbsttranszendenz auch
das Selbstbild transformieren, kann man auch von Erfahrungen der Lust an der Gewalttat behaupten, dass sie den
Tätern die Augen über sich öffnen – doch eben so, dass ein
Gefühl des Selbstverrats entstehen kann, weil Seiten der eigenen Person erlebt wurden, die nach der Erfahrung nicht
mehr als akzeptabel erscheinen.[7]
    Dies sind nur einige Hinweise auf Verwandtschaften und
Entsprechungen zwischen dem Heiligen und der Gewalt,
denen wir nicht ausweichen dürfen, wenn wir uns mit der
Friedensfähigkeit beschäftigen – nicht nur mit der Friedensfähigkeit von Religionen übrigens, da das bisher Gesagte ja
für alle Sakralisierungen gelten muss, auch die Sakralisierung säkularer Werte etwa. Gerade auch die Sakralisierung
der Nation oder der überlegenen Rasse (und dies nicht nur
im Nationalsozialismus, sondern auch im Kolonialismus
und Imperialismus) entgrenzte Gewalt gegen Minderheiten
oder die als „unzivilisiert" oder „parasitär" klassifizierten
Anderen.

---

[7] Joas 2000, S. 165–180.

2. Achsenzeit und Gewalt

Doch betreffen die bisherigen Ausführungen nur die elementarste Schicht der Religionen. Die Religionsgeschichte bringt in der sogenannten Achsenzeit selbst die stärkste Reaktion auf diejenige Gewaltdynamik hervor, die in den Stammesreligionen, erst recht aber in den archaischen Religionen, d. h. unter Bedingungen früher Staatlichkeit, angelegt war. René Girard bietet zwar ein recht simplifiziertes Bild der Grundprobleme sozialen Lebens in vor-achsenzeitlichen Kulturen, legt aber den Finger auf die richtige Stelle, wenn er die religiöse Überwindung des Sündenbock-Mechanismus im Selbstopfer von Jesus Christus ausgedrückt sieht. Autoren wie Robert Bellah, Charles Taylor und David Martin sehen einen der entscheidenden Züge der Ethisierung der Erlösungsvorstellung (Max Weber) in der Achsenzeit in der radikalen Veränderung der Vorstellungen vom Opfer. Selbstopfer statt heroischer Gewaltanwendung, Universalismus statt Blutsbrüderschaft gegen Feinde, Transzendenz der „Quelle aller Heiligkeit" gegen Sakralisierung des irdischen Herrschers oder irdischer politischer Ordnungen kennzeichnen die achsenzeitlichen Errungenschaften.

In solcher Kürze und Pauschalität sind diese Aussagen natürlich enorm missverständnisgefährdet. Es ist hier aber nicht die Gelegenheit, die verschiedenen Varianten des achsenzeitlichen Durchbruchs, ihre jeweiligen spezifischen Weiterentwicklungen und Rückfallgefahren differenziert darzulegen. Es müssten ganz offensichtlich die historischen Schichten der Religionsgeschichte des antiken Judentums, wie sie uns schwer entwirrbar im „Alten Testament" vorliegen, unter dem Gesichtspunkt einer religiösen Selbstreflexion auf inhärente Gewaltpotenziale voneinander unterschieden und die Rolle der Botschaft von den Lehren, dem Wirken, dem Tod und der Auferstehung Jesu Christi als

eine spezifische Fortentwicklung dieser Tradition erörtert
werden. Der Islam mit seinem radikalen Transzendenzbezug, der Vorbildrolle des Propheten Mohammed und einer
eigenen Version achsenzeitlicher Opfermythologie (v.a. bei
den Schiiten) wäre ebenso zu thematisieren wie die aus
ganz anderen religiösen Grundimaginationen genährte,
aber immer wieder mit dem Christentum geradezu verblüf-
fend konvergierende Ethik des Buddhismus.

Systematisch wäre hier auch der Ort, an dem über
Recht und Unrecht der Assmann-These[8] zu reden wäre,
dass eine der achsenzeitlichen Varianten, nämlich die Entstehung des jüdischen Monotheismus, nicht etwa – wie
hier nahegelegt – einen entscheidenden Schritt in der religiösen Selbstreflexion auf Gewaltpotentiale des Heiligen
darstellte, sondern gerade umgekehrt der Monotheismus
ein Ursprungsort der Gewalt sei. Nach dieser Auffassung
löste mit dem Monotheismus ein auf die Unterscheidung
eines wahren von falschen Göttern zentrierter Glaube einen natürlicherweise toleranten, um neue Götter flexibel
erweiterbaren Polytheismus ab. Diese Auffassung ist in
den letzten Jahren exegetisch und religionshistorisch breit
erörtert worden, und obwohl Jan Assmann sie meines Erachtens faktisch weitestgehend zurückgezogen hat, hat sie
ihre Wirkungsgeschichte noch nicht beendet. Sie stellt
schon aus zwei Gründen ein bemerkenswertes Phänomen
dar, das man wahrnehmen kann, bevor man überhaupt in
ihre detaillierte Überprüfung eintritt. Die Behauptung vom
Gewaltpotential der „Wahr/Falsch"-Unterscheidung wird
in der Rezeption oft nur auf den Monotheismus bezogen
und nicht auf den anderen damit arbeitenden achsenzeitlichen Durchbruch, der bei Karl Jaspers eine große Rolle ge-

---

[8] J. Assmann, *Die Mosaische Unterscheidung oder: Der Preis des Monotheismus*, München 2003.

spielt hatte: nämlich die Entstehung eines Denkens über das Denken in der griechischen Philosophie. Damit wird sowohl das mögliche Gewaltpotential einer Herrschaftsansprüche erhebenden säkularen Rationalität abgeblendet wie leichtfertigerweise dem religiösen Wahrheitsbegriff als solchem Gewaltneigung attestiert. Zum anderen bleibt unreflektiert, dass diese Kritik selbst von einer liberalen Toleranzkonzeption aus gar nicht konsistent formuliert werden kann, da diese selbst ja in Hinsicht auf ihr Toleranzverständnis nicht tolerant sein kann. Ein wertrationales Verständnis von Toleranz spricht ja vielen Auffassungen ein Existenzrecht zu, aber nicht der Gegnerschaft gegen Toleranz. Konsistent wird die Vorstellung, dass die Überwindung von Gewalt nur durch Verzicht auf „Wahr/Falsch"-Unterscheidungen möglich sei, nicht durch Ulrich Becks merkwürdige Figur eines „Sowohl-als auch", sondern durch eine radikale Relativierung alles Moralischen wie in Carl Schmitts Argument, dass es das Gefühl moralischer Überlegenheit sei, das zu den schlimmsten Gräueltaten geführt habe. Aber auch dieses Argument wird durch Wiederholung nicht wahrer. Empirisch trifft es einfach nicht zu, dass die Tendenz zur Entgrenzung der Gewalt in der bisherigen Geschichte vornehmlich auf Seiten moralisch-universalistischer Kriegsparteien lag. Ich stimme insofern denjenigen zu, die im Transzendenzbezug die entscheidende achsenzeitliche Differenzziehung sehen, „eine elementare Differenz, die jeden wahrhaft Gläubigen davor warnt, sich selbst zum Sprachrohr oder zum Schwert Gottes zu ernennen. Diese Differenz verhindert jede Anmaßung, in seinem Namen handeln zu können."[9]

---

[9] R. Schieder, *Sind Religionen gefährlich?*, Berlin 2008, S. 88.

3. Die Lerngeschichte des Christentums

Aber verhindert sie diese wirklich? Man muss in diesem
Wort „verhindert" eine empirische und eine normative Bedeutung voneinander unterscheiden. Offensichtlich sind in
einem empirischen Sinn die Gläubigen nach-achsenzeitlicher
Religionen nicht davor gefeit, sich als „Sprachrohr" oder
„Schwert" Gottes aufzufassen und entsprechend zu handeln. Ich muss hier nicht die ganze Geschichte des „Christentums zwischen Bibel und Schwert" schildern, wie dies
Arnold Angenendt in seinem Werk „Toleranz und Gewalt"[10]
getan hat, mit all den gewaltstrotzenden Kapiteln zu Häreti-
kertötung, Hexen- und Hexerverfolgung, Kreuzzügen, Kon-
fessionskriegen, Judenverfolgung und Kolonialisierungsver-
brechen. Noch im Präsidentschaftswahlkampf George W.
Bush gegen John Kerry im Jahr 2004 gab es eine bemerkenswerte Konfrontation (in einer der Fernsehdebatten) bei der
Frage, ob Gott zur Unterstützung der Sache der Amerikaner
angerufen werden dürfe oder ob die Amerikaner sich nicht
fragen müssten, ob das, was sie tun, vor Gott gerechtfertigt
sei. Kerrys Entgegenstellung dieser beiden Sichtweisen auf
das Verhältnis von Religion und Politik war natürlich die
Wiederaufnahme eines berühmten Dictums von Abraham
Lincoln, aber eben auch die Bezeichnung einer Spannung,
die in alle nach-achsenzeitlichen Religionen tief eingelassen
ist. Sie alle sind durch einen missionarischen Universalismus[11] gefährdet, der in die ideologische Bemäntelung von
Eigeninteressen umschlägt und in religiöser Hinsicht eine
Art Remagisierung, Gotteszwang statt Gottesdienst, einen
Rückfall hinter die Achsenzeit darstellt.

---

[10] A. Angenendt, *Toleranz und Gewalt. Das Christentum zwischen Bibel
und Schwert*, Münster 2008.
[11] K. Krakau, *Missionsbewußtsein und Völkerrechtsdoktrin in den Vereinigten Staaten von Amerika*, Frankfurt a. M. 1967.

Die achsenzeitlichen religiösen Errungenschaften sind insofern eben nicht ein gesicherter kultureller Besitz, sondern ein weiterwirkender Stachel. Deshalb hat der Begriff des „Verhinderns" hier auch einen normativen Sinn. Die Geschichte des Christentums darf deshalb nicht triumphalistisch als die graduelle Entfaltung eines religiösen Menschenbilds hin zum freiheitlich-demokratischen Rechtsstaat und den Menschenrechts-Erklärungen und -Pakten der Weltstaatengemeinschaft dargestellt werden, sondern muss als kontingente Geschichte immer neuer Repartikularisierungen des Universalismus, der Retribalisierung und Verstaatlichung der achsenzeitlichen Religion mit ihren je eigenen Gewaltpotentialen geschrieben werden. Hier ist eine Fülle von Geschichtsmythen aus dem Weg zu räumen, die im Christentum generell oder in der europäischen Kultur spätestens seit dem Investiturstreit oder in der Reformation als solcher den Ursprung einer gesicherten Religionsfreiheit sehen. Aber die Destruktion dieser Mythen – jüngst etwa hinsichtlich der Reformation und des Ausgangs der Konfessionskriege durch Wolfgang Reinhard[12], Horst Dreier[13] oder José Casanova[14] – muss nicht den säkularistischen Mythos stützen, der in den Religionen ein unüberwindliches Gewaltpotential sieht, sondern muss uns sensibilisieren für die historische Entstehung religiöser Motive zur Institutionalisierung der Religionsfreiheit und überhaupt der fundamentalen Freiheitsrechte der Individuen. Aus diesem Grunde halte ich Georg Jellineks Buch von

---

[12] W. Reinhard, „Historiker, ‚Modernisierung' und Modernisierung", in: W. Haug, B. Wachinger (Hg.), *Innovation und Originalität*, Tübingen 1993, S. 53–69.
[13] H. Dreier, „Kanonistik und Konfessionalisierung – Marksteine auf dem Weg zum Staat", in: G. Siebeck (Hg.), *Artibus ingenuiis*, Tübingen 2001, S. 133–170.
[14] J. Casanova, *Europas Angst vor der Religion*, Berlin 2008.

1895[15], bekanntlich das Vorbild für Max Webers Protes-
tantismus-Untersuchungen, zum Ursprung der amerikanischen Religionsfreiheit weiterhin für epochal.[16] Er
behauptete gerade nicht eine generelle Tendenz des Protestantismus, die Glaubensfreiheit jedes Individuums anzuerkennen; vielmehr versuchte er zu zeigen, warum eine sehr
spezifische Verarbeitung der Erfahrung religiöser Verfolgung bei einem Außenseiter wie dem Baptistenprediger
Roger Williams im tendenziell theokratischen Massachusetts des 17. Jahrhunderts dazu führen konnte, den Gedanken zu denken, dass die Angewiesenheit einer authenti-
schen Gottesbeziehung des Individuums auf Freiheit jeden
Gläubigen dazu bringen muss, diese Freiheit für alle zu
wünschen, für alle Christen, aber auch „für Juden, Heiden
und Türken". Diese Freiheit gelte es als unveräußerliches,
geheiligtes Recht der Individuen gesetzlich zu garantieren.
Bei Baptisten, Quäkern und anderen „Stiefkindern der Reformation" (Troeltsch) gab es einen Zusammenhang von
wachsender religiöser Individualisierung und einer religiös
motivierten Toleranz, den man als nächsten epochalen
Schritt in der Geschichte der religiösen Reflexion auf reli-
gionsimmanente Gewaltpotentiale interpretieren kann.
Was hier seiner logischen Struktur nach in die Welt kam –
ein staatlich garantiertes, aber nicht staatlich verliehenes
Freiheitsrecht der Individuen – konnte im weiteren Verlauf
der Geschichte von Deisten (wie Thomas Jefferson) und
Säkularisten (wie einigen Akteuren der Französischen Re-
volution), aber eben auch von „Mainline"- Protestanten,
Katholiken (lehramtlich im Zweiten Vatikanischen Konzil,
faktisch aber von vielen schon vorher), Muslimen und an-

---

[15] G. Jellinek, *Die Erklärung der Menschen- und Bürgerrechte. Ein Beitrag
zur modernen Verfassungsgeschichte*, München/Leipzig 1895.
[16] H. Joas, „Max Weber und die Entstehung der Menschenrechte", in: G.
Albert u. a. (Hg.), *Das Weber-Paradigma*, Tübingen 2004, S. 252–270.

deren nachvollzogen werden. Wie alle anderen Stufen der Religionsentwicklung ist auch diese nicht ungefährdet. Aber diese religiöse Fundierung des nach innen Frieden und Freiheit garantierenden modernen demokratischen Rechtsstaats gehört zu seinen Stabilisierungsbedingungen; es wäre absurd, diese unter dem Druck säkularistischer Begründungsversuche schwächen zu wollen. Von Seiten amerikanischer Religionsökonomen[17] gibt es den interessanten und meines Erachtens überzeugenden Versuch, nachzuweisen, dass religiös aufgeladene innergesellschaftliche gewaltsame Konflikte nicht etwa durch das Aufeinandertreffen verschiedener Religionen als solches entstehen (wie es die „clash of civilizations"-These erwarten ließe), sondern durch staatliche Regulationen des religiösen Lebens, die partikularistisch aufgeladen sind, d. h. der einen Religionsgemeinschaft zu helfen und eine andere im Zaum zu halten versuchen. Nichts trägt deshalb, so die These, mehr zur friedlichen Koexistenz verschiedener Religionen in einem Staate bei als der Verzicht auf staatliche Regulation des religiösen „Marktes".

4. Religion und internationale Konflikte

Ich habe bisher wohlweislich nur von innergesellschaftlichem Frieden gesprochen, da wir aus den Bedingungen zu dessen Herstellung nicht einfach die Bedingungen für außenpolitisch friedliches Verhalten extrapolieren dürfen. Dies ginge nur, wenn die eine Zeit lang modische These, dass Demokratien als solche friedlicher seien als andere

---

[17] B. Grim, R. Finke, „Religious Persecution in Cross-National Context: Clashing Civilizations or Regulated Religious Economies?" in: American Sociological Review 72, 2007, S. 633–658.

Staaten, haltbar wäre. Dies ist aber so einfach nicht der Fall.[18] Aus diesem Grund ist im Prinzip in einem weiteren Schritt zu fragen, welche Rolle Religionen in zwischenstaatlichen Konflikten oder militärischen Konflikten zwischen Staaten und nicht-staatlichen Gegnern spielen. Auch dazu kann hier natürlich nur das Gerüst einer Antwort geliefert werden. Eine solche Antwort aber muss gegeben werden, wenn nach der Friedensfähigkeit von Religionen angesichts globaler Herausforderungen gefragt wird. Anderenfalls würde ja die alte Neigung der Sozialwissenschaften, sich auf innergesellschaftliche Prozesse zu begrenzen und damit die konstitutive Bedeutung exogener Faktoren und zwischengesellschaftlicher Konstellationen zu ignorieren, nur fortgesetzt.

Die öffentlichen Debatten über gewaltsame Konflikte unter den Bedingungen der Globalisierung wurden in den letzten zwei Jahrzehnten von zwei Slogans dominiert: dem „Kampf der Kulturen" und den „neuen Kriegen". Meine fundamentale Skepsis gegenüber der ersten These habe ich schon zu Beginn dieses Textes unter Verweis auf die falsche Stilisierung von Kulturen (oder Religionen) zu handlungsfähigen Subjekten erklärt. Es gibt starke empirische Gründe gegen diese These.[19]

Aber auch die Behauptung von den „neuen", d. h. asymmetrischen, Kriegen verliert viel von ihrer Plausibilität, wenn man einen eurozentrischen Blickwinkel überwindet. Der symmetrische Staatenkrieg war auch im Zeitalter der Nationalstaaten eher die Ausnahme, was sofort deutlich wird, wenn man die Konflikte in und um Kolonien einbezieht. „Much of the killing in this period arose from low-

---

[18] H. Joas, „Frieden durch Demokratie?", in: Merkur 63, Heft 5, 2009, S. 391–401.
[19] D. Senghaas, „Die Wirklichkeiten der Kulturkämpfe", in: H. Joas, K. Wiegandt (Hg.), *Die kulturellen Werte Europas*, Frankfurt a. M. 2005, S. 444–468.

intensity conflicts that were ongoing, undecided, periodically genocidal, had recurring edges of terrorism and may be thought of as local wars."[20] Zudem ist in den Schriften der Protagonisten der Theorie der „neuen Kriege" sehr unklar, wie sich die Behauptung einer zunehmenden Bedeutung entideologisierter Gewaltmärkte eigentlich zu den immer wieder auch auftauchenden Verweisen auf religiöse Konfliktursachen verhält.

Fruchtbarer unter dem religionsbezogenen Gesichtspunkt ist deshalb der stark an Max Weber orientierte Versuch Hans Gerhard Kippenbergs[21], die Wechselwirkung religiöser und politisch-ökonomischer Lagen an einem zentralen Konfliktherd unserer Zeit (Israel/Palästina) differenziert zu erörtern. Für diesen Versuch ist genau das charakteristisch, was ich in meiner Einleitung als methodisches Desiderat bezeichnet habe: Religionen werden nicht als Akteure behandelt und nicht vom sonstigen sozialen Leben isoliert. Kippenberg zeigt stattdessen, wie ein ursprünglich keineswegs religiöser Konflikt auf drei Seiten schleichend immer mehr religiös definiert wurde. Die Zionisten waren anfangs überwiegend säkular; die Palästinenser suchten ihr Heil lange im arabischen Nationalismus und teilweise im Marxismus; die amerikanische Außenpolitik unter Bush stand in einem komplizierten Verhältnis zum Weltbild eines Teils des protestantischen Fundamentalismus mit seiner eschatologischen Aufladung dieses Konflikts. Obwohl gewiss in einer religiösen Deutung des Konflikts durch die Beteiligten konfliktverschärfende oder konfliktlösungsverhindernde Mechanismen enthalten sein können, weist Kip-

---

[20] M. Geyer, Ch. Bright, „Global Violence and Nationalizing Wars in Europe and America: The Geopolitics of War in the Mid-Nineteenth Century", in: Comparative Studies of Society and History 38, 1996, S. 624.
[21] H.G. Kippenberg, *Gewalt als Gottesdienst. Religionskriege im Zeitalter der Globalisierung*, München 2008.

penberg selbst in diesem Fall eine Deutung zurück, der zufolge eine religiöse Deutung keine anderen Optionen als
diese eröffnen könne. Er sieht vielmehr eine konfliktverschärfende Wirkung eher dort, wo für „religiöse Gemeinschaften, die in Konflikt geraten mit staatlichen Instanzen
oder der Rechtsordnung, […] eine Terminologie bereit
[liegt], die jede Art der Aushandlung von Konflikten mit
ihnen als widersinnig erscheinen lässt. Es handelt sich demnach um Kulte, Fundamentalismus oder Terrorgruppen,
denen echte Religiosität abgesprochen wird und die auf keinen Fall Vertragspartner sein können.“[22] In dieser Perspektive ist es weder der Islam noch die jüdische Religion in Israel noch der spezifische Protestantismus in den USA, die
als solche den Konflikt auslösen oder unlösbar machen; es
ist vielmehr die politische Instrumentalisierung der Religionen auf allen Seiten, aber auch die verzerrende Konstruktion der jeweils anderen Religionen bei Konfliktgegnern,
die einer Lösung des Konflikts im Wege stehen. Konkret
zielt Kippenberg auf ein weniger feindseliges Verhältnis zur
Hamas und setzt seine Hoffnung auf transreligiöse zivilge-
sellschaftliche Initiativen sowie übernationale Institutionen
der Konfliktregelung.

Damit habe ich diese tour de force durch die vier Frage-
komplexe, in die meines Erachtens die Frage nach dem Zusammenhang von Religion und Gewalt zerlegt werden
muss, abgeschlossen. Es ging um das Verhältnis des Heiligen zur Gewalt, der Achsenzeit zur Gewalt, die Geschichte
speziell des Christentums in Hinsicht auf die religiöse Zei-
tigung von Religionsfreiheit und moderner Freiheit allgemein und die religiöse Dimension internationaler Konflikte in unserer Zeit. Meine Antwort auf die Frage nach

---

[22] Kippenberg 2008, S. 207.

der Friedensfähigkeit von Religionen will ich abschließend in drei Thesen geben:

1. Friedensfähig ist Religion, wenn sie die Überwindung urtümlicher Entsprechungen von Heiligkeit und Gewalt und die Überwindung der Gefahr einer partikularistischen Reduktion des achsenzeitlichen Universalismus durch die staatliche Indienstnahme von Religion in sich aufgenommen und religiöse Motive für die Institutionalisierung individueller Freiheitsrechte hervorgebracht hat.

2. Friedensfähig ist Religion, wenn sie sich nicht politisch instrumentalisieren lässt, sich gegen die Konstruktion religiöser Feindbilder wehrt und so ihren Beitrag leistet zu den kulturellen Voraussetzungen des zwischengesellschaftlichen Friedens.

3. Eine solche friedensfähige Religion ist dann nicht einfach eine „moderne" Religion; sie verweigert sich gerade der Identifikation einer konkreten institutionellen Ordnung mit Modernität schlechthin, sondern bleibt der achsenzeitliche, transzendenzbezogene, aber irdisch-praktische Stachel zu deren stetiger Weiterentwicklung.

Herbert Schnädelbach

Islam, Islamismus und das Grundgesetz. Bemerkungen zu einer aktuellen Debatte[1]

1.

Ob der Islam mit unserem Grundgesetz als Beispiel für die Rechtsordnung eines säkularen Verfassungsstaates vereinbar ist, wird seit einigen Jahren lebhaft diskutiert. Lässt man einmal das Bedenken beiseite, allein schon mit einer solchen Frage stelle man unsere muslimischen Mitbürger unter Generalverdacht, hört man von religions- und insbesondere islamwissenschaftlicher Seite sofort den Einwand, „den" Islam gebe es ebenso wenig wie „das" Christentum[2], und deswegen zeige jene Frage in Wahrheit eine ungerechtfertigte Verallgemeinerung an, denn hier müsse man „differenzieren". Was sich in dieser Reaktion zeigt, ist das, was man ein „essentialistisches Vorurteil" nennen kann, d. h. wenn man nur nach Merkmalen fragt, die den Islam vom Christentum unterscheiden, muss man mit dem Einwand rechnen, man habe damit das Wesen, die Struktur und die Geschichte dieses religiösen Systems im Sinn,

---

[1] Bei einer Podiumsdiskussion im Rahmen der Tagung, die dieser Band dokumentiert, entwickelte sich in der anschließenden Aussprache eine lebhafte Diskussion zu der Frage, ob der theokratische Grundcharakter des Islam, der ihn wesentlich vom Christentum unterscheidet, die Muslime in säkularen Verfassungsstaaten wie dem unsrigen nicht vor das Dilemma stelle, diese Rechtsordnung nur mit religiösen Vorbehalten zu akzeptieren, oder einen Euro-Islam auszubilden, der sie in Konflikte mit ihrer Tradition stürzt. Vorliegender Text ist das Ergebnis des Versuchs, eine eigene Antwort zu finden.

[2] Vgl. z. B. O. Schlumberger, „Sind Islam und Demokratie vereinbar? Das schwierige Verhältnis von Religion und Staat", in: Der Bürger im Staat, Heft 4, 2001, S. 207.

und das sei nicht nur unwissenschaftlich, sondern auch unsinnig.

Der Eindruck, hier handle es sich um einen „Trick"[3], nämlich um den Versuch, eine jede Kritik an der islamischen Welt von vornherein als vorurteilsgeleitet und haltlos abzuwehren, drängt sich einem dabei geradezu auf. So kann man zu dem Schluss kommen, dass man den Islam besser nicht allein solchen Islamwissenschaftlern überlassen sollte, wenn es um Religionskritik geht, obwohl ihre Informationen unentbehrlich sind, wenn es gilt, sich als Laie ein Bild der Dinge zu machen; offenbar neigen sie dazu, aus lauter gewissenhafter Detailverliebtheit die alles entscheidenden Differenzen gering zu schätzen oder ganz aus den Augen zu verlieren.

Dies ist auch der Fall, wo christliche Theologen aus Furcht vor Pauschalurteilen nurmehr von „Christentümern"[4] reden und dann mit ihrem Pluralismus jeden Versuch einer Kritik des Christentums (im Singular) zurückweisen. Nur möchte man hier zurückfragen: Was ist denn der Gegenstand der Islamwissenschaften, wenn es „den" Islam nicht gibt? Und wenn es nur „Christentümer" gibt, kann man dann noch von Systematischer Theologie reden, wie sie an allen Theologischen Fakultäten gelehrt wird, oder löst die sich dann nicht in bloße Religionsgeschichte auf?

Es kann sich somit in beiden Fällen nur um „das" spezifisch Islamische und „das" spezifisch Christliche handeln, also um wesentliche unterscheidende Merkmale beider re-

---

[3] Vgl. E. Flaig, „Djihad und Dhimmitude. Warum der Scharia-Islam gegen die Menschenrechte steht", in: israel-network vom 5.2.2007; auch in: ‚Moritz', Greifswalder Studentenzeitung vom 2.12.2006.
[4] „Das Christentum, aber genauer und religionsanalytisch prägnanter gesagt: die vielen verschiedenen Christentümer ...", so Friedrich Wilhelm Graf in:„Glücklicher ohne oder mit Gott? – Über den Nutzen der Religion", Sendung in der Reihe AULA des SWR2 vom 23.2.2008.

ligiöser Traditionen, und dass die sich wirklich aufweisen
lassen, daran lassen diese beiden Welten selbst keinen
Zweifel. Wer z. B. nicht an Allah als den einzigen Gott
und Mohammed als seinen Propheten glaubt, ist halt kein
Muslim, und wer Jesus von Nazareth nur für einen bedeu-
tenden Rabbiner und nicht für den Christus hält, ist ganz
sicher kein Christ.

2.

In öffentlichen Diskussionen wehren sich Muslime immer
wieder gegen die Rede vom ‚islamistischen Terror‘, denn
dies verunglimpfe ihre Religion, die in Wahrheit eine Religion des Friedens sei; schließlich spreche man auch nicht
von christlichem Terror, wenn man die Aktionen der nord-
irischen Fanatiker der IRA meine. Tatsächlich sollte man
nicht von islamischem Terror sprechen. Die Differenz zwischen Islam und Islamismus wird häufig übersehen, obwohl
sie sehr wichtig ist. Der einfache Muslim, der seinen Islam
lebt, ist kein Islamist.[5] Der Islamist hingegen macht aus
dem Islam einen „-ismus“, also einen Standpunkt, in dessen
Perspektive man sich ausdrücklich seiner Prinzipien ver-
sichert, um sie erneut zur Geltung zu bringen. Islamismus
ist eine Reflexionsform des Islam und in der Regel eine In-
tellektuellenveranstaltung.[6] Die Historiker zeigen uns eindrucksvoll, dass der Islamismus erst im 19. Jahrhundert entsteht, und zwar als defensive Antwort auf die kulturelle
Attacke des Westens im Zuge des Imperialismus,[7] wobei

---

[5] So der Islamwissenschaftler Udo Steinbach, ehemaliger Leiter des Deutschen Orient-Instituts, zitiert in: L. Wick, *Islam und Verfassungsstaat.*
Theologische Versöhnung mit der politischen Moderne? Würzburg 2009,
S. 109 f.
[6] Vgl. H. Bielefeldt, *Muslime im säkularen Rechtsstaat,* Bielefeld 2003,
S. 59.
[7] Vgl. G. Krämer, *Geschichte des Islam,* München 2008, S. 245 ff.; über
die gegenwärtigen Ursachen des Anwachsens des Islamismus: R.G. Khou-

sich der Ausdruck ‚Islamismus‘ erst viel später einbürgert. Die aktuelle Gestalt dieser Bewegung geht im Wesentlichen auf die ägyptischen Muslim-Brüderschaften zurück, die 1928 von Hasan-al-Baran gegründet wurden.[8] Interessant sind an dieser Stelle Parallelen zu den Termini ‚Katholizismus‘ und ‚Protestantismus‘, die ebenfalls erst um 1800 aufkommen und anzeigen, dass hier als Reaktion auf die europäische Aufklärungsbewegung das Katholische und Protestantische in rückwärtsgerichteter Selbstvergewisserung zu einer Art Weltanschauung wurde, die nun als Basis und Waffenarsenal für den Kulturkampf dienen sollte.[9] Zu erwähnen ist hier auch der Zionismus, der ja nicht nur als nachgeholter Nationalismus des Judentums auftrat, sondern in seinen zahlreichen Formen vor allem der Sicherung der jüdischen Identität angesichts der säkularen Moderne verpflichtet war.[10] Daraus ergibt sich, dass es völlig verfehlt wäre, den Islamismus mit islamischem Extremismus oder Terrorismus gleichzusetzen, obwohl die Täter des 11.9.2001 im Zeichen des Islam und insofern als Islamisten handelten; bei ihnen wie auch bei den Initiatoren und Organisatoren der Al-Qaida-Bewegung handelte es sich ja nicht um naive, sondern um gebildete Muslime, die ihre antimodernistischen und antiwestlichen politischen Ambitionen sehr geschickt mit religiösen Rechtfertigungen zu verknüpfen vermochten. Der Beifall, den jene Untaten damals in der islamischen Welt fanden, speiste sich aus einer Mischung aus Hass auf Israel und die USA und Stolz auf eine Niederlage der angeblichen christlichen Kreuzfahrer.

---

ry, *Politik und Religion im Islam und die Probleme der Entwicklung der arabisch-islamischen Welt in der modernen Zeit*, Heidelberg 2007, S. 86 f.

[8] Vgl. Krämer 2008, S 276 ff.

[9] Vgl. F.W. Graf, *Der Protestantismus. Geschichte und Gegenwart*, München 2006, S. 11; Bielefeldt 2003.

[10] Vgl. M. Brenner, *Geschichte des Zionismus*, München 2002.

3.

Immer wieder wird der Islamismus als „politischer Islam"
charakterisiert, wozu die jüngsten Erfahrungen mit dieser
Bewegung allen Anlass geben, aber dies bedarf der Klä-
rung. Die Islamhistoriker versichern uns sehr überzeu-
gend, dass bis in die Moderne der real existierende Islam
nicht mehr und nicht weniger politisch war als das institutionell verfasste Christentum.[11] Die Politisierung des Islam
durch die Islamisten ist somit keine nachträgliche Transformation dieser Religion, sondern das Ergebnis reflektie-
render Rückerinnerung an ihre theologischen und historischen Wurzeln. In der Tat ist dieser Vorgang mit den
verschiedenen reformatorischen Bewegungen im Christentum vergleichbar, in denen es ebenfalls stets auch um ein
„Zurück zu den Anfängen" in gegenwartskritischer Absicht ging. Das Reformatorische am Islamismus ist also
der Versuch, die Verhältnisse zu Beginn der islamischen
Tradition, also in unmittelbarer Nähe zur Lebenszeit des
Propheten, als Richtschnur einer Erneuerung zu verwenden, durch die der Islam den Herausforderungen der Moderne gewachsen sein könnte; es handelt sich also beim Islamismus um eine kulturelle Bewegung mit dem Ziel der
Reislamisierung.[12]

In diesen Zusammenhang gehört die ausdrückliche Erinnerung an das Politische dieser Religion, denn Mohammed war Prophet und politischer Führer in einer Person.
Er gründete keine Kirche im Sinn unserer christlichen Tradition, und so behaupten die Verteidiger des Islam immer

---

[11] G. Krämer, „Zum Verhältnis von Religion, Recht und Politik. Säkularisierung im Islam", in: H. Joas, K. Wiegandt (Hg.), *Säkularisierung und die
Weltreligionen,* Frankfurt a. M. 2007, S. 181.
[12] Vgl. dazu M. Rohe, *Das Islamische Recht, Geschichte und Gegenwart,*
München 2009, 395 ff.; auch die historische Darstellung bei: Krämer
2008, 245 ff. und 263 ff.

wieder, dass deswegen für ihn das leidige Thema „Kirche und Staat" gar nicht existiere[13], aber damit war das Problem des Verhältnisses von Religion und Politik keineswegs erledigt, sondern überhaupt erst gestellt. Natürlich kann der Islamismus die Ursprungssituation des Islam verklärend zitieren[14], aber was könnte die immer wieder zitierte Formel „Religion und Staat" als Kennzeichen des Islam konkret bedeuten?[15] Mohammed vermochte beides in seiner Autorität als charismatische Person noch zu vereinigen, d. h. er schuf ein zugleich religiöses und politisches Gemeinwesen, aber die Tradition des Kalifats,[16] die diese Einheit über die Zeiten garantieren sollte, konnte dies nicht leisten. So bildete sich in der islamischen Welt eine ebenso große Vielfalt von religiös-politischen Kompromissen heraus wie im christlichen Abendland.[17]

4.

Damit nun an dieser Stelle nicht alle Kühe grau, alle Katzen schwarz und Islam und Christentum im Hinblick auf das Politische ununterscheidbar werden, ist es angebracht, sich dem zuzuwenden, worauf sich der Islamismus selbst beruft – auf die politische Theologie des Islam. Hier kann man auf einen fundamentalen Unterschied zum Christentum hinweisen: Der Islam ist wesentlich theokratisch orientiert, und dies ist im Christentum nicht der Fall – von einigen wenigen theokratischen Experimenten abgesehen,

---

[13] Vgl. Bielefeldt 2003, S. 61.

[14] Wick 2009, S. 121 ff.

[15] Zum islamistisch-ideologischen Hintergrund dieser Formel vgl. Wick 2009, S. 65 ff. und 121.

[16] Das Kalifat bezeichnet jene islamische Regierungsform, bei der die säkulare und geistliche Führerschaft in der Person des Kalifen vereint sind.

[17] Vgl. dazu das grundlegende Werk G. Krämer, *Gottes Staat als Republik*, Baden-Baden 1999.

die aber niemals die Zustimmung der großen Amtskirche fanden.[18]

Theokratie ist mehr als theologische Herrschaftslegitimation, die in der Figur des Gottesgnadentums noch bis 1918 die preußisch-deutsche Monarchie zierte. Auch die Hierokratie als Priesterherrschaft ist damit nicht gemeint, sondern die Gottesherrschaft oder die politische Herrschaft durch Gott selbst, sei es, dass der Herrscher wie im römischen Kaiserkult selbst als Gott verehrt wird, oder dass ein Stellvertreter Gottes auf Erden herrscht, dessen Anweisungen unmittelbar als göttliche Befehle gelten.

Die jüdische Tradition präsentiert dieses Modell in Gestalt der Autorität Moses, der im Alten Testament als Mundstück Jahwes auftritt, und zwar so ausschließlich, dass der Text das, was er der Überlieferung zufolge sagte, mit dem Wort Gottes identifiziert. Das ist der Unterschied zur Herrschaft des Pharao, aus der sich Israel durch seinen Auszug befreite; Gott selbst sollte herrschen, und zwar zunächst durch Mose, dann durch Josua und die Richter, und als die Einrichtung der Monarchie unumgänglich wurde, standen die Könige immer unter dem Verdikt von Propheten, die freilich häufig genug deswegen politisch verfolgt wurden.

5.

Dieses Erbe, dass die Königsherrschaft sich niemals als unmittelbare Gottesherrschaft verstehen dürfe, hat das ursprünglich jüdische Christentum immer festgehalten – zumindest im katholischen Bereich. Es ist nicht möglich, in diesem Rahmen die Geschichte der christlichen Theokra-

---

[18] Friedrich Wilhelm Graf weist darauf hin, dass dies nicht für die orthodoxe Tradition gilt; in der Tat nehme ich hier nur das lateinische Christentum in den Blick.

tiekritik genau nachzuzeichnen, aber Hinweise auf wichtige Stationen sind sicher erlaubt.[19] Im Neuen Testament findet sich im Zusammenhang der Geschichte vom Zinsgroschen das Jesuswort: „Gebt dem Kaiser, was des Kaisers ist, und Gott, was Gottes ist."[20]

Es geht nicht an, die fundamentale Bedeutung dieser Weisung als bloße Rückprojektion eines späten, entpolitisierten Christentums abzutun[21], sondern der Jesus, von dem die Evangelisten berichten, verkündet die anbrechende Gottesherrschaft, die nicht die seine ist, aber auch nicht mit der bestehenden politischen Ordnung zusammenfällt, sondern diese gerade negiert. Erst durch die Identifikation Jesu mit dem Messias als dem Sohn Gottes, die die Christen nach Ostern vollziehen und auf den historischen Jesus zurückprojizieren, erscheint er selbst als göttlicher Herrscher, wenn auch im Wartestand – „aufgefahren gen Himmel, sitzend zur rechten Hand Gottes, von dannen er wiederkommend wird, zu richten die Lebenden und die Toten."

Das Christentum verweigerte sich nicht zuletzt deswegen dem römischen Kaiserkult, weil es die Gottesherrschaft auf die Parusie am Jüngsten Tag vertagte und deswegen theologisch keine von Menschen veranstaltete Vorwegnahme dieses *éschaton* tolerieren konnte. In diesem Sinn sind auch die Ermahnungen des Apostel Paulus in Römer 13 zu verstehen, die bestehende Obrigkeit Obrigkeit sein zu lassen, denn obwohl auch sie „von Gott" ist, habe sie keinerlei Heilsbedeutung; im übrigen stehe die Wiederkehr Christi unmittelbar bevor. Als Kaiser Konstantin das Christentum zur Staatsreligion erhob, zeigte er durch seine Teilnahme

---

[19] Vgl. die Darstellung bei Wick 2009, S. 29 ff.
[20] Matth. 22, 21.
[21] Heiner Bielefeldt kritisiert dies als „kulturalistischen Fehlschluss" in: Bielefeldt 2003, S. 48 f.; dagegen Heinrich August Winkler in: DER SPIEGEL 39, 2009, S. 59.

an den großen Konzilien als *primus inter pares*, dass er nicht
beabsichtigte, seine politische Autorität über die der Theologen zu stellen oder als oberster Theologe die Politik zu do-
minieren.[22]

Die wichtigste und wirksamste Autorität in dieser Frage
ist Augustinus durch seine theologisch ausführlich fun-
dierte Trennung der „civitas Dei" von der „civitas terre-
na". Die einfache Gleichsetzung der weltlichen mit irgendeiner göttlichen Herrschaft ist ihm zufolge häretisch, denn
erst am Ende aller Tage wird der wiederkommende Christus die Herrschaft über die Welt ergreifen. Dieses augusti-
nische Erbe verschaffte später im Westen den Denkern der
Hochscholastik den Freiraum, in dem sie die Ethik und Politik des Aristoteles rezipieren und damit die Autonomie
des Politischen gegenüber dem Religiösen auch philosophisch weiter stabilisieren konnten. Zugleich trugen sie damit wesentlich zur Delegitimerung der universalen Herrschaftsansprüche des Papstes Bonifaz VIII. bei, die dieser
in seiner Bulle „Unam sanctam" von 1302 als Stellvertreter
Gottes auf Erden erhoben hatte, zumal der Ausgang des
mittelalterlichen Investiturstreits hier auch die politischen
Fakten schaffte.

Gänzlich augustinisch ist schließlich die berühmte Zwei-
Reiche-Lehre Martin Luthers, die in der reformierten Tradition trotz des Genfer theokratischen Experiments Calvins
wesentlich zur Eigenständigkeit und dem Eigenrecht des politischen Bereichs gegenüber den theologischen Ansprüchen
beitragen sollte.[23] So kann man trotz aller Vereinfachungen
daran festhalten, dass die neuzeitliche Konzeption des säkularen, auf menschlichen Entscheidungen fußenden Staates

---

[22] Vgl. dazu C. Markschies, „‚Hellenisierung des Christentums'? – die ersten Konzilien", in: F.W. Graf, K. Wiegandt (Hg.), *Die Anfänge des Christentums,* Frankfurt a. M. 2009, S. 418 ff.

[23] Vgl. dazu Wick 2009, S. 25 ff.

spezifisch christliche Wurzeln hat, die bis ins Neue Testament zurückreichen; ihr Wesentliches ist die Zurückweisung aller unmittelbar theokratischen Ansprüche. Dass die christlichen Geistlichen immer auch die Seelen und das Gewissen der Herrschenden zu pflegen hatten, widerspricht dem nicht, denn trotz allen faktischen Einflusses, den sie an dieser Stelle ausgeübt haben mögen, waren sie institutionell niemals dazu legitimiert, im Namen Gottes selbst politische Entscheidungen zu treffen und durchzusetzen.

6.

Das Theokratische der politischen Theologie des Islam wurde in dem Augenblick zum Problem, in dem es sich als unmöglich erwies, die religiös-politische Doppelfunktion des Propheten an seine Nachfolger zu vererben; die islamische Frühgeschichte ist dafür ein eindrucksvoller Beleg.[24] Der rettende Schritt war der Transfer der Autorität der Person Mohammeds hin zur Überlieferung seiner Worte, also des Korans und der Sunna, d. h. der nachträglichen Sammlung seiner Aussprüche. Daraus extrahierte die Tradition die Scharía, also das, was man in irreführender Weise das islamische Recht genannt hat. Sie enthält natürlich auch juridische Bestandteile, ist aber mehr als ein Gesetzestext, nämlich eine alle Bereiche betreffende Regelung der islamischen Lebensform, sei es im religiösen oder im profanen Sinn des Wortes.

Die Scharía – der Ausdrück bedeutet „der (von Gott) gebahnte Weg, der Weg zur Tränke"[25] – gilt als Bestandteil der göttlichen Offenbarung durch den Propheten, bei der es sich ebenso wie beim Koran unmittelbar um Gottes Wort handeln soll; deswegen kommt ihr der höchste normative

---

[24] Vgl. dazu Krämer 2008, S. 29 ff.
[25] Zitiert nach Rohe 2009, S. 9.

Rang zu, und so nimmt hier die Theokratie die Form einer
theologischen Nomokratie an: der Herrschaft eines Kanons
mit höchster, weil übermenschlicher normativer Kraft, an
dem sich sämtliche menschlichen Satzungen messen lassen
müssen. Für die Entscheidungen dafür hat der Islam kein
Pendant zum Papsttum geschaffen, sondern er begnügte
sich historisch mit der Autorität religiöser Rechtsgelehrter
(ulama), die in der sunnitischen Tradition bis heute in vier
dominierenden Rechtsschulen konzentriert ist[26]; aber dass
diese Geistlichen selber die Kompetenz besaßen, ihre
Rechtsgutachten (Fatwas) auch politisch zu exekutieren,
blieb immer die Ausnahme. In der Realität der islamischen
Welt blieb die theologische Nomokratie meist nur ein normativer Anspruch, d. h. die Grade, in denen die Weisungen
der Scharía unmittelbare Gesetzeskraft erhielten, variieren
bis heute beträchtlich.[27]

7.

Dieser politisch-theologische Status der Scharía ist der
Grund aller Schwierigkeiten, die fromme Muslime mit dem
säkularen Verfassungsstaat bekommen, denn wenn sie ihre
Religion ernst nehmen, können sie solche Rechtsordnungen
nicht als höchste normative Autorität anerkennen. Sie können prinzipiell nur die säkularen Verfassungsregelungen akzeptieren, die der Scharía nicht widersprechen, und die
übrigen nur pragmatisch oder provisorisch befolgen. In der
Regel erkennen die Muslime in der Diaspora die jeweiligen
Rechtsordnungen faktisch an, und die lebenspraktische Eingewöhnung in die bestehende Rechtskultur trägt weiter
dazu bei, jenen Konflikt zwischen der religiösen und profanen Normativität zu entschärfen; aber das grundsätzliche

---

[26] Vgl. ebd., S. 27 ff.
[27] Vgl. ebd., S. 9 ff.

Problem der Legitimationsquellen beider Bereiche bleibt davon unberührt.

Eine Alternative dazu wäre eine theologische Reform des Islam, die die westliche historistische Aufklärung nachholt; damit ist die Einsicht gemeint, dass es sich bei der Scharía wie beim Koran und der Sunna um Texte handelt, die, wie die der Bibel, unter konkreten geschichtlichen Bedingungen von Menschen für Menschen verfasst wurden, und deswegen zwar eine göttliche Offenbarung bezeugen mögen, aber nicht selbst diese Offenbarung sein können. Mit diesem „Fetischcharakter" als Gegenstand des religiösen Glaubens würde dann auch die Scharía ihre normative Sonderstellung verlieren und müsste sich einreihen in die Tradition menschlicher Rechtssetzungen.

Dass es die Muslime in der Moderne genau mit diesem Problem zu tun haben, wird vollends deutlich, wenn man nicht primär die Meinungen der islamischen Diaspora einholt, sondern vor allem die Verlautbarungen der theologischen Autoritäten in ihren Heimatländern betrachtet. Die *communis opinio* in diesem Feld lautet: Die Scharía soll die Grundlage der allein richtigen Staats- und Rechtsordnung abgeben, denn sie ist unmittelbar göttliches Recht, dem gegenüber die von Menschen gemachten Normen und Institutionen normativ zweitrangig sind und sich vor ihm rechtfertigen müssen; sie sind illegitim, wenn sie damit nicht vereinbar sind. Somit läuft die islamistische Konzeption des islamischen Staates auf die Negation des säkularen Verfassungsstaates hinaus.

8.

Eine der mächtigsten Stimmen ist hier die des Vordenkers und 1966 hingerichteten Märtyrers der ägyptischen Muslimbruderschaften, Sayyid Qutb: Säkulare Staatsideen begreift er als Zeichen heidnischer Unwissenheit, wie sie in

präislamischen Zeiten geherrscht habe, und so vermag er
wie viele Islamisten mit ihm die Säkularität nur als Gott-
losigkeit zu verstehen.[28] Genau dies bleibt auch der normative Hintergrund, wo sich Islamisten ausdrücklich mit den
Menschenrechten und der Demokratie als den Legitimati-
onsprinzipien der politischen Moderne identifizieren, aber
sie entweder islamistisch zu vereinnahmen oder im Lichte
der Scharía zu relativieren versuchen. Zwar haben fast alle
islamischen Staaten die Charta der Vereinten Nationen un-
terzeichnet und ratifiziert, aber dies hindert ihre Vertreter
nicht daran, sich an alternativen Menschenrechtserklärun-
gen zu beteiligen. Die „Allgemeine Islamische Menschen-
rechtserklärung" des Islamrates für Europa von 1981 bean-
sprucht, alle relevanten Menschenrechte aus dem Koran
und der Sunna herleiten zu können, was zugleich bedeutet,
dass alles Übrige normativ belanglos sein soll.[29]

Dem entspricht auch die Konzeption einer „Theo-De-
mokratie" des Klassikers des Islamismus, Abul A'la Mau-
dudi, die er als „Kalifat des Volkes" in denkbar größten
Gegensatz zur westlichen säkularen Demokratie-Idee setzt.
Seine Schriften sind wie die Qutbs in der islamischen Welt
weit verbreitet, und vor allem auch in der Diaspora.[30] Das
bedeutet freilich nicht, dass in jeder Berufung auf die
Scharía ein Angriff auf unsere Verfassung zu vermuten
sei, denn in der juristischen Kultur des Islam bleibt der
Auslegung jeweils ein weiter Spielraum; diese Tatsache
wird immer wieder zur Besänftigung der säkularen Besorg-
nis angeführt, aber eine religiöse Relativierung der normativen Geltung unserer Rechtsordnung ist darin doch enthalten.

---

[28] Vgl. die ausführlichen Zitate bei Bielefeldt 2003, S. 63.
[29] Vgl. ebd., 63 ff.
[30] Ebd. S. 64 ff.

Sie zeigt sich nicht nur in der „Kairoer Erklärung der Menschenrechte" durch 45 Außenminister der Staaten der Organisation der Islamischen Konferenz von 1990, die ausdrücklich den normativen Vorbehalt der Scharía festschreibt[31], sondern auch in der „Islamischen Charta" des Zentralrates der Muslime in Deutschland von 2002, die zwar die Verbindlichkeit des Grundgesetzes anerkennt, aber nicht im Sinn einer prinzipiellen Anerkennung säkularer Normativität, sondern als Stabilisierung eines modus vivendi der Diaspora-Muslime mit ihr, die selber wieder islamistisch begründet wird: „Das islamische Recht verpflichtet Muslime in der Diaspora, sich grundsätzlich an die lokale Rechtsordnung zu halten. In diesem Sinn gelten Visumserteilung, Aufenthaltsgenehmigungen und Einbürgerungen als Verträge, die von der muslimischen Minderheit einzuhalten sind."[32] Damit soll die traditionelle Entgegensetzung des „Hauses des Islam" und des „Hauses des Krieges" durch die Einfügung der vermittelnden Instanz „Haus des Vertrags" abgemildert werden.[33]

Einbürgerung als Vertrag – dieser Gedanke demonstriert die implizite Distanzierung der islamistischen von der säkularen Staatsverfassung, denn die Einbürgerung ist kein Vertragsschluss zwischen einem Individuum und dem Staat, und deswegen besteht zwischen Muslimen und der Bundesrepublik nach der Einbürgerung auch kein Vertragsverhältnis. Diese Deutung verweist in Wahrheit auf einen geheimen Vorbehalt der islamistischen Ideologie gegenüber der politischen Moderne: Nur wenn man, wie es die Vertragsfigur anzeigt, nicht vollständig mit der säkularen Staatsbürgerschaft identifiziert bleibt, kann man auch weiterhin an dem

---

[31] Vgl. Wick, S. 129.
[32] Zitiert nach Bielefeldt 2003, S. 69.
[33] Dazu und zur Kritik von Tariq Ramadan an diesem Vorgehen: Ebd., S. 74 f.

Ziel festhalten, im Fall dementsprechender Mehrheitsver-
hältnisse einen islamischen Scharía-Staat zu errichten. Der
Vorsitzende des deutschen Zentralrates sagte dazu: „Nur
in einer islamischen Mehrheitsgesellschaft kann ein islamischer Staat als Form gewählt werden. Für islamische
Minderheiten ist ein säkularer Staat aber eine akzeptierte
Staatsform, solange die Religionsfreiheit gewährt ist."[34]

9.

Dass hier die Zustimmung zur politischen Moderne an die
Religionsfreiheit geknüpft wird, bedeutet aber nicht, dass
jener durch Mehrheitsbildung gestiftete islamistische Staat
dann selbst im Stande wäre, Religionsfreiheit zu gewähren.
Es ist kein Zufall, dass die meisten islamischen Staaten in
ihren Verfassungen die Glaubensfreiheit zugestehen und
deswegen verbieten, Andersgläubige nur deswegen zu ver-
folgen, weil sie keine Muslime sind; aber Religionsfreiheit
im Sinn einer institutionellen und rechtlichen Absicherung
alternativer Religionsgemeinschaften ist selbst in der laizis-
tischen Türkei ein Desiderat. Dabei spielen vor allem die
christlichen Missionierungsversuche eine abschreckende
Rolle, weil sie im islamischen Normalbewusstsein als Strategien des westlichen Kulturimperialismus gelten.

Die theologischen Gründe für die Schwierigkeiten des Islam mit der Idee des profanen Verfassungsstaates wurden in
jüngster Zeit insbesondere von Lukas Wick ausführlich
analysiert, wobei sich die Religionsfreiheit als das Kern-
problem erweist.[35] Der Scharia-Islamismus lehnt zunächst
das Prinzip der Gewaltenteilung ab, denn durch den Koran
und die Sunna sei auch im Politischen alles vollkommen

---

[34] Zitiert nach Bielefeldt 2003, S. 70.
[35] Vgl. dazu auch den Aufsatz von L. Wick, „Religionsfreiheit als Gret-
chenfrage – Islam, Verfassungsstaat und politische Moderne", in: Neue
Zürcher Zeitung vom 5.7.2008.

geregelt; in diesem Sinn gilt hier die Scharía selbst als die Verfassung oder als die Instanz, die das Politische normativ begrenzt.[36]

Zugleich gefährdete jenes Prinzip die Einheit von Religion und Staat, und das bedeutet: Die Religionsfreiheit als wechselseitige Autonomie des Religiösen vom Politischen und als Verzicht auf die rechtliche Ausgrenzung Andersgläubiger ist damit unvereinbar. Dies berührt unmittelbar den modernen Verfassungsgrundsatz der Gleichheit aller Menschen vor dem Gesetz, dem der Islamismus nicht zustimmen kann, denn dies relativierte die fundamentale Differenz zwischen Gläubigen und Ungläubigen, den die Tradition mit der Unterscheidung zwischen dem „Haus des Islam" und dem „Haus des Krieges" festzuhalten vorschreibt. Das ist auch der Grund, warum der Islamismus religiöse Toleranz nur in Gestalt der großzügig gewährten Duldung kennt, und sie wurde in der Geschichte den Juden und Christen deswegen gewährt, weil sie als Anhänger einer Schriftreligion, die den Koran als das ewige und unveränderliche Wort Allahs nur in einer korrumpierten Form kennen, als „Schutzbefohlene" (dhimmi) gelten; diese Duldung kannte der Islam nicht gegenüber den übrigen heidnischen Ungläubigen und verschaffte damit den Sklavenhändlern ein gutes Gewissen.

Dies alles gründet letztlich in der islamistischen Anthropologie, der zufolge jeder Mensch als Muslim geboren wird und deswegen seine Menschenwürde nur darin besteht, Muslim zu sein; so ist es nur folgerichtig, wenn die Scharía den Abfall vom Glauben (Apostasie) mit dem Tod zu bestrafen vorschreibt.[37] Das Problem der Gleichheit von Mann

---

[36] Murad Hoffmann zufolge spielt bei Muslimen „die göttliche Scharia" die alle Legalität „begrenzende Verfassungsrolle", zitiert nach Flaig 2007; zur Parole „Der Koran ist unsere Verfassung" vgl. Wick 2009, S. 70 ff.
[37] Vgl. ebd., S. 126 und 175.

und Frau, das vor allem die feministischen Stimmen in die
Mitte der Islamkritik rücken, ist dabei nicht wirklich zentral, sondern wohl nur das Ergebnis einer patriarchalisch
dominierten Auslegungspraxis.[38] So gesehen setzt die Anerkennung sowohl der positiven wie der negativen Religionsfreiheit als das Recht, einen anderen Glauben als den Islam
zu praktizieren, als auch sich von ihm zu trennen, einen
grundlegenden Ideologie- und Mentalitätswandel der islamistischen Protagonisten voraus, von dem Skeptiker be-
zweifeln, dass er gegenwärtig zu erwarten sei. Nur dadurch
wäre eine „theologische Versöhnung" des Islam mit der politischen Moderne ohne taktische Kompromisse denkbar.

10.

Versucht man ein Fazit, so ist zunächst die Differenz zwischen dem faktisch gelebten Islam und dem Islamismus
festzuhalten – auch gegen die Kritiker, die dies bestreiten.
Deswegen kann keine Rede davon sein, dass unsere islamischen Mitbürger eine Gefahr für unsere Verfassungsord-
nung darstellen. Anders ist es mit dem Islamismus als einer
Ideologie im Widerstand gegen den kulturellen und politischen Säkularismus des Westens, der immer noch über die
im islamischen Ausland ausgebildeten und rekrutierten
Imame in deutschen Moscheen importiert wird. Es ist also
höchste Zeit für die verfassungskonforme Ausbildung muslimischer Prediger und Religionslehrer.

Es ist nicht vertretbar, den Islamismus pauschal als Is-
lamfaschismus zu diskreditieren[39], obwohl in seinem Um-

---

[38] Vgl. Rohe 2009, S. 199 ff.

[39] Als Erfinder dieses Ausdrucks gilt Christopher Hitchens; vgl. das Interview mit ihm in The Independent vom 22.9.2004; vgl. auch J. Joffe, „Die
Offensive des Islamo-Faschismus", in: DIE ZEIT vom 18.3.2004; der
Hamburger Publizist behauptet: „Nach dem linken Faschismus der Sow-
jets, dem rechten Faschismus der Nazis, ist der Islamismus der Faschismus

feld auch gewaltbereite Gruppen entstanden. Es besteht kein Grund zur paranoischen Pauschalverdächtigung „des" Islam als demokratiefeindlicher Religion, aber die ideologische Gewalt des Islamismus sollte man nicht unterschätzen. Auf die fundamentalen Differenzen zwischen dem islamistischen und unserem modernen Politikverständnis ist deshalb ständig hinzuweisen[40], und zwar immer dann, wenn es darum geht, die politische Integration der Muslime voranzubringen. Eine strukturelle Opposition religiöser Überzeugungen gegenüber dem säkularen Rechtsstaat kann hier letztlich nur durch eine Reform der islamischen Theologie selbst vermieden werden.

des 21. Jahrhunderts", in einem Interview mit Henryk M. Broder in SPIE-GEL Online vom 1.8.2005.
[40] Vgl. hierzu auch das Fazit von Wick 2009, S. 135 f.

Nilüfer Göle

Das Minarett, stummes Symbol des Islam, und seine Resonanz im öffentlichen Raum Europas[1]

Jedes Mal, wenn ich die Galatabrücke überquere, betrachte ich entzückt das Panorama Istanbuls, aus dem die Silhouetten der hochgewachsenen Minarette wie Zeichnungen hervorragen. Anders als der Eiffelturm sind die vielen dezenten Türme in Istanbul aber keine Wahrzeichen der Stadt. Und dennoch verlöre Istanbul ohne seine schlanken Minarette, die Ausdruck einer spirituellen Erhebung des Menschen zu Gott hin sind, einen Teil seiner Seele.

In den Augen der Bewohner, ob fromm oder säkularisiert, ob Muslime oder nicht, sind diese Bauten Teil des vertrauten Landschaftsbildes und des gemeinsamen Erbes. Sicherlich bedauern viele, dass die neuen Moscheen, die heute in der Türkei erbaut werden, bei weitem nicht an jene des großen Baumeisters Mimar Sinan heranreichen, die während der Blütezeit des Osmanischen Reiches errichtet wurden. Den meisten zeitgenössischen Moscheen fehlt es an architektonischer Innovation, an Sinn fürs Detail und an ausgeglichenen Proportionen von Kuppel und Minaretten. Seitdem Tonbänder und Lautsprecher zum Gebet aufrufen, wird fortdauernd über Lärmbelästigung gestritten.

Aber die öffentliche Auseinandersetzung beschränkt sich nicht nur auf solche Themen. Die geplante Wiedereröffnung der Hagia Sophia als Gebetsort für Muslime und die Forderungen nach dem Bau einer neuen Moschee

---

[1] Übersetzung aus dem Französischen von Philine Weyrauch.

am Taksim-Platz im Herzen Istanbuls haben über zwei
Jahrzehnte hinweg für lebhafte und leidenschaftliche Diskussionen gesorgt. Dieses Streitgespräch teilt die Bürger
in diejenigen, die sich gegen die Zeichen einer Islamisierung wehren, und diejenigen, die den Aufstieg des Islam
mit einer religiösen Prägung des öffentlichen Raums mar-
kieren wollen.

Die Konfliktlinien zwischen den erklärten Verteidigern
der Laizität und dem religiösen Lager, das sich auf seine
Gewissensfreiheit beruft, durchziehen das gegenwärtige politische Leben in der Türkei. Diese Konfrontation hat sich
verschärft, als Recep Tayyip Erdogan anlässlich seines
Wahlsiegs im Jahre 1997 in der Öffentlichkeit ein Gedicht
zitierte, in dem Minarette mit Bajonetten und Moscheen
mit Kasernen verglichen wurden. Erdogan, der aktuelle Pre-
mierminister der Türkei, wurde daraufhin wegen Anstache-
lung religiösen Hasses zu einer Gefängnisstrafe verurteilt,
denn er hatte einen Text rezitiert, der einem nationalisti-
schen Dichter aus der Zeit des türkischen Unabhängigkeits-
krieges (1919–1923) zugeschrieben wird.

Man darf sich nun darüber wundern, dass in einem Land
mit einer muslimischen Mehrheit, wie die Türkei eines ist,
historische und kulturelle Symbole des Islam überhaupt
aufhören, Bestandteile des vertrauten, befriedeten und un-
veränderlichen Felds des kulturellen Erbes zu sein – nur um
dann auf eine neue Art und Weise im öffentlichen Raum
sichtbar zu werden und religiöse und politische Trennungs-
linien aufscheinen zu lassen. Man kann sich auch fragen,
wann und wie ein Symbol oder ein Objekt, das uns vertraut
und als solches fast nicht wahrnehmbar ist, eines Tages
„sichtbar" wird und in den Augen der Öffentlichkeit sogar
störend wirken kann.

Das Schweizer Referendum, das per Volksabstimmung
mit einer Mehrheit ein Verbot des Minarettbaus beschlos-

sen hat, zeigt uns diese in den Augen der europäischen Öffentlichkeit störende Sichtbarkeit des Islam. Gleichzeitig bestätigt der Streit aber auch den Wandel in der Art und Weise, wie in Europa über den Islam diskutiert wird.

Zunächst einmal drückt die Sichtbarkeit der religiösen und kulturellen Zeichen des Islam die Präsenz der muslimischen Akteure in den europäischen Ländern aus. Die Minarette wie übrigens auch der Schleier, der ein anderes stummes Symbol ist, enthüllen sozusagen die muslimischen Akteure und machen diese öffentlich, seien sie nun bloß fromm oder auch noch weiblich. Diese Sichtbarkeit vergegenwärtigt die Muslime in den europäischen Gesellschaften, belegt ihren Wunsch zu bleiben, ihre Forderung nach Gewissensfreiheit und danach, ihre Religion praktizieren zu können, wie auch den Wunsch nach der Freiheit, sich gemäß ihrer jeweiligen Religionsauslegung kleiden zu dürfen. Die neue Sichtbarkeit kennzeichnet auch das Ende einer Etappe für die Migration, für die Integration, für die gelebten Erfahrungen und die Wege der Aneignung des öffentlichen Raumes in Europa. Das, was sich hinter diesen Kontroversen über den Islam versteckt, ist offenkundig die Schwierigkeit, den Übergang des Ausländers zum Bürger anzuerkennen.

Die Debatten über die Minarette und ihr Verbot zeugen also von den Schwierigkeiten der Schweizer Gesellschaft, die Anwesenheit von Muslimen, die dort Wurzeln schlagen, anzuerkennen und diesen einen Platz im öffentlichen Leben zu gewähren. Ein Gefühl, dass der Islam in das eigene Territorium eindringt, die Angst, das „Zuhause" zu verlieren, hat die Debatte zusätzlich genährt. Im öffentlichen Diskurs wurden die Muslime gebeten, ihre Minarette „bei sich" zu errichten; auf den Plakaten sind sie mit gefährlichen „schwarzen Schafen" verglichen, also als „Fremde" betrachtet und symbolisch des Landes verwiesen worden. Insgesamt legt die Semantik der Debatte nahe, dass Islam und Muslime als endogene Phänomene – und damit als Teil der Schweizer Gesellschaft – abgelehnt wurden.

Das Leitmotiv der Debatte, nämlich sich zu Hause vor dieser eindringenden Religion zu schützen, verdeckte zudem die mangelnde Bereitschaft der Schweizer Bürger, auf einen alleinigen Anspruch der Teilhabe am öffentlichen Raum zu verzichten. Der meiner Meinung nach undemokratische Charakter dieser Abstimmung liegt darin, dass sie Ausdruck des Bestrebens ist, diesen öffentlichen Raum in strikter Übereinstimmung mit einem essentialistischen Konzept der Nation zu definieren, anstatt ihn für den Pluralismus aller Bürger zu öffnen. Mit ihren zahlreichen Bindungen (Sprache, Ethnie, Religion, *Umma*) stören die Muslime die nationale Definition des Bürgerstatus und wecken Misstrauen hinsichtlich ihrer generellen Loyalität. Die Definition eines öffentlichen Raumes, der mit einer vorher festgelegten nationalen Gemeinschaft zusammenfällt, kann jedoch nur Spannungen und Exklusion erzeugen – zumal in einer Welt, die von Migrationsströmen und transnationalen Dynamiken, seien diese nun religiös, ökonomisch oder kulturell, durchzogen ist.

Die Wanderung des Islam in Richtung Westen konfrontiert die Muslime mit einer Reihe von neuen Fragen, die diesem Glauben in Europa wiederum seinen besonderen Charakter geben. Europäisch geworden, steigert der Islam noch die paradoxe Beziehung von Sichtbarkeit und Unsichtbarkeit: Im Gegensatz zu muslimischen Ländern sind hier die Minarette stumm, die Moscheen zurückhaltend. Die europäischen Demokratien, die um ihre Sicherheit besorgt und um Transparenz bemüht sind, wollen die Gebetsorte aber sichtbar machen und aus den Kellern und Garagen ans Tageslicht holen.

Dennoch ist nicht selbsterklärend, was es eigentlich
heißt, einer Moschee ihre Sichtbarkeit zurückzugeben:
Welche Formen, welche Räume, welche Konzepte soll
man hierbei nutzen? Besteht eine Moschee immer aus einer Kuppel und einem Minarett? Kann es eine Moschee
geben, die als solche nicht zu erkennen wäre? Kann man,
wie die Schweizer es sich wünschen, die Minarette von den
Moscheen trennen? Kann man das Wort „Moschee", das
einigen Mitbürgern Angst macht, durch „Gebetsort" ersetzen?

Minarette und Moscheen stehen in Europa zugleich vor
existentiellen Problemen: Ohne den Ruf des Muezzins zum
Gebet sind die Minarette still, und die Moscheen beginnen,
neue architektonische Formen anzunehmen, die das um-
gebende Landschaftsbild und jeweilige kulturelle Erbe
respektieren. Wie kann die Moschee unterschiedliche eth-
nische Gemeinschaften unter einem Dach versammeln?
Besuchen zum Beispiel die angelsächsischen Türken die
Moscheen der Pakistani in Birmingham? Werden die türkischen Moscheen von Berlin auch von Menschen aus dem
Maghreb und anderen muslimischen Minderheiten besucht? Wie kann man erreichen, dass Moscheen als öffent-
licher und religiöser Raum der europäischen Muslime
anerkannt werden? Auf Grundlage welcher Kriterien soll
über die Sprache entschieden werden, in der die Predigten
stattfinden? Wie kann man den Raum der Moschee für
Frauen, Jugendliche und für verschiedene Aktivitäten neu
denken?

Alle diese Fragen gewinnen vor dem Hintergrund der
alltäglichen Erfahrung der Muslime in Europa an Bedeu-
tung. Die Moschee ist eine Schnittstelle zwischen urbaner
Umgebung, den muslimischen Bürgern und dem religiösen
Pluralismus. Ihre Sichtbarkeit zu akzeptieren zieht eine
Folge von Verhandlungen und Regelsetzungen ästhetischer,

kultureller, finanzieller, architektonischer und räumlicher Art nach sich.

Diese Prozesse sind nötig, will man aus dem Gebäude einen Gegenstand eines im Entstehen begriffenen kulturellen Gemeingutes machen. Das Schweizer Referendum hat jedoch das „Nicht-Verhandelbare" forciert. Auch in diesem Sinne verkörpert das Votum eine nicht-demokratische Haltung, denn es bremst den Prozess der Entwicklung, des Austausches und der kulturellen Vermischung.

Das Referendum ist aber bei Weitem nicht auf den Schweizer Kontext beschränkt geblieben. Es hat auch in anderen Ländern Reaktionen hervorgerufen und Auswirkungen gehabt und eine transnationale, europäische Dynamik der Debatte eingeleitet. Einige haben den Schweizer Fehler als etwas, das man nicht wiederholen sollte, bedauert. Andere haben applaudiert und den Mut begrüßt, dass etwas laut gesagt wurde, was sowieso jedermann im Stillen denke.

Umfragen in Frankreich zeigten, dass die öffentliche Meinung eine Einschränkung des Baus von Moscheen befürwortet. Die British National Party hat ein Anti-Minarett-Plakat aufgegriffen, das von der Schweizerischen Volkspartei (SVP/UDC) aufgelegt worden war. Das Plakat zeigt die Nationalflagge (der Schweiz bzw. Englands), wie sie von Minaretten in Raketenform durchbohrt wird, außerdem ist eine Frau mit Burka abgebildet. In der englischen Version sind die von Erdogan zitierten Verse, von denen weiter oben die Rede war, hinzugefügt. Diese Verse, die auf die „Bajonette" der Minarette anspielen, werden in der öffentlichen Debatte in Europa immer wieder aufgegriffen und dabei aus ihrem Kontext gerissen.

Man kann daran sehen, wie die Diskussion um die Minarette im Speziellen und die Sichtbarkeit des Islam im Allgemeinen transnationale Dynamiken erzeugt und Ele-

mente zusammenführt, die eigentlich nicht zueinander pas-
sen. Bemerkenswert ist auch, dass sogar England mit
seiner Insellage und die ‚neutrale' Schweiz in den europäischen Öffentlichkeitsraum treten. Die Angst vor dem Islam wird von verschiedenen populistischen Parteien in-
strumentalisiert, und die Politik der „Anti-Islamisierung"
findet Unterstützung bei einer schweigenden Mehrheit.
Rechtspopulisten wie Oscar Freysinger in der Schweiz,
Gert Wilders in den Niederlanden oder Philippe de Villiers
in Frankreich haben dazu beigetragen, die politische
Agenda einzelner Länder zu ändern, und sie haben in ihrem Kampf gegen die Präsenz des Islam in Europa an Po-
pularität gewonnen.

Um die Themen der Sichtbarkeit des Islam mobilisieren
sich kollektive Leidenschaften und öffentliche Debatten.
Der Schleier in der Schule, die Burka auf der Straße, die Moschee in der Stadt und die Minarette im Landschaftsbild
zeugen von der Präsenz der Muslime im Alltag – einer Präsenz, die sich manchmal mit einem übersteigerten Islam verbindet. Aber sie führen der öffentlichen Agenda auch eine
Debatte über säkularisierte Normen des öffentlichen
Raums zu. Solche Fragen stellen diese Öffentlichkeiten auf
den Prüfstand der Demokratie und der demokratischen Debatte und man riskiert, die Debatte zu vergiften, wenn eine
Politik der Angst gefördert wird.

Wenn persönliche Gefühle geweckt und das Tiefsitzende
und Emotionale an die Oberfläche geholt werden, entsteht
aus dem öffentlichen Raum ein Ort des Vorurteils. Dabei
haben sich die europäischen Demokratien doch entwickelt,
indem sie eine Unterscheidung eingeführt haben zwischen
Meinung und Wahrheit, indem sie den Gebrauch der Vernunft in der öffentlichen Debatte aufgewertet haben. Der
aktuelle politische Populismus ist jedoch eine Kampfansage
an diese europäische Tradition der „aufgeklärten Öffent-

lichkeit" und der öffentliche Raum setzt seine Rolle, ein idealer Ausdruck der Demokratie zu sein, aufs Spiel. Er wird zu einem Ort des *sens commun*, der Sakralisierung der öffentlichen Meinung und deren Ansteckung durch das Sensationelle und den Skandal. Mit einem solchen Rückschritt hin zum Irrationalen und Emotionalen verrät das Schweizer Votum das demokratische Ideal.

Clauß Peter Sajak

„Eingesetzt in einen edlen Ölbaum" (Röm. 11, 24). Das Verhältnis der Katholischen Kirche zum Judentum – ein Lernprozess

1. Der 7. Dezember 1965 – Die Kirche kommt in der Moderne an

Der Augenblick, in dem die Katholische Kirche nach knapp zwei Jahrtausenden in der Moderne und ihrem Denken angekommen war, lässt sich rasch identifizieren. Es ist der 7. Dezember 1965. An diesem Tag verabschieden in der Konzilsaula des Petersdoms 2308 Bischöfe der Katholischen Kirche bei nur 70 Gegenstimmen ihrer Mitbrüder die Erklärung des II. Vatikanischen Konzils über die Religionsfreiheit, die nach ihren Anfangsworten den Titel „Dignitatis Humanae" trägt. In diesem Text, der das Verhältnis der Katholischen Kirche zu Welt und Gesellschaft nachhaltig verändern sollte, steht der entscheidende Satz: „Das Vatikanische Konzil erklärt, dass die menschliche Person das Recht auf religiöse Freiheit hat. Diese Freiheit besteht darin, dass alle Menschen frei sein müssen von jedem Zwang [...], so dass in religiösen Dingen niemand gezwungen wird, gegen sein Gewissen zu handeln."[1]

Was Menschen heute in einer modernen säkularen Gesellschaft als selbstverständlich erscheint, war für die Katholische Kirche, die sich auch auf diesem Konzil als die wahre Kirche Jesu Christi definiert und verstanden

---

[1] Alle zitierten Dokumente des II. Vatikanischen Konzils finden sich in E. Fürlinger (Hg.), *Der Dialog muss weitergehen. Ausgewählte vatikanische Dokumente zum interreligiösen Dialog*, Freiburg/Basel/Wien 2009, hier: Dignitatis Humanae, S. 2.

hat, ein entscheidender Epochenbruch. Nicht umsonst verweigern bis heute fundamentalistische Gruppen wie die sogenannte Pius-Bruderschaft gerade diesem Beschluss des Konzils ihre Zustimmung.[2] In diesem Dokument erkannte das kirchliche Lehramt nämlich an, dass dem Menschen in seinem Gewissen die Wahl gelassen werden muss, sich zur Wahrheit, wie sie die Kirche in ihrem Verständnis empfangen und tradiert hat, zu bekennen oder auch nicht.

Eine solche Grundhaltung der Kirche gegenüber der Freiheit des einzelnen Gewissens in religiösen Dingen brachte zwangsläufig eine Neubewertung des Verhältnisses der Kirche zu den anderen Konfessionen und Religionen mit sich. Diese Neubestimmung ist in zwei weiteren Dokumenten des Konzils grundgelegt, nämlich in der dogmatischen Konstitution über die Kirche „Lumen Gentium" und in der Erklärung der Kirche über ihr Verhältnis zu den nicht-christlichen Religionen „Nostra Aetate". In letzterer heißt es: „Die Katholische Kirche lehnt nichts von alledem ab, was in diesen Religionen wahr und heilig ist. Mit aufrichtigem Ernst betrachtet sie jene Handlungen und Lebensweisen, jene Vorschriften und Lehren, die zwar in manchem von dem abweichen, was sie selber für wahr hält und lehrt, doch nicht selten einen Strahl jener Wahrheit erkennen lassen, die alle Menschen erleuchtet."[3]

Mit einer solchen Bewertung der anderen Religionen als Orte von Offenbarung – wenn auch nicht der vollen göttlichen Mitteilung an die Menschen, die sich einmalig historisch in Jesus von Nazareth als dem Christus ereignet hat – vollzog das kirchliche Lehramt einen Paradigmen-

---

[2] Zur Debatte um die Priesterbruderschaft Pius X. anlässlich der Aufhebung ihrer Exkommunikation durch Papst Benedikt XVI. vgl. W. Beinert (Hg.), *Vatikan und Pius-Brüder. Anatomie einer Krise*, Freiburg/Basel/ Wien 2009.

[3] Nostra Aetate, S. 2, in: Fürlinger 2009.

wechsel, den ein kundiger Beobachter wie folgt zusammen-
gefasst hat: „Vor dem II. Vatikanum war die Haltung der
Kirche gegenüber den nicht-christlichen Religionen negativ,
heute ist sie grundsätzlich positiv."[4] Diese Neuinterpreta-
tion der heilsgeschichtlichen Bedeutung anderer Religionen
neben dem Christentum hatte besondere Konsequenzen für
das Judentum.

Im Folgenden soll deshalb exemplarisch am Verhältnis
der Katholischen Kirche zum Judentum gezeigt werden,
wie sich das religionstheologische Selbstverständnis der Kirche im Kontext von Aufklärung und Moderne gewandelt
hat. Dies ist insofern von besonderer Bedeutung, weil gerade die Katastrophe der Shoah als bitterste Konsequenz
der Konfliktgeschichte von Christen und Juden zur Neubewertung des Verhältnisses von Christentum und Judentum
insgesamt und zu einer Reflexion der Bedeutung der anderen Religionen im Heilsplan Gottes mit den Menschen führen musste. Mit den Epochenbegriffen des 20. Jahrhunderts
gesprochen: Die Kirche konnte paradoxerweise erst in der
Moderne angelangen, als die Aporien des spätneuzeitlichen
Vernunftdenkens als Dialektik der Aufklärung erkannt und
analysiert worden waren.

Ohne die Katastrophe des Holocausts hätte es vielleicht
keinen Text zur Religionsfreiheit und keine Versöhnung
zwischen Christen und Juden gegeben. Dies zeigt sich auch
daran, dass das entscheidende Dokument über das Verhältnis der Kirche zu den nicht-christlichen Religionen, „Nostra
Aetate", ursprünglich als eine Erklärung zu Schuld und Ver-
sagen der Katholischen Kirche im Zusammenhang mit der
nationalsozialistischen Massenvernichtung der Juden, also

---

[4] O. Mohammed, „Multiculturalism and Religious Education", in: Religious Education 87, 1992, S. 66.

der Shoah, gedacht war.[5] Die Intervention von Bischöfen auf dem Konzil, die aus muslimisch geprägten Ländern angereist waren, führte dazu, dass am Ende des Diskussionsprozesses über die Bedeutung der anderen Religionen für das Heilsgeschehen eine umfassende Erklärung zu Religionsfreiheit und Religionstheologie stand, in die nicht nur eine Reflexion des Verhältnisses zu den abrahamischen Religionen, sondern auch zu allen anderen Kultur- und Naturreligionen eingeflossen ist. Im Folgenden soll aber das Verhältnis der Kirche zum Judentum in seiner historischen Entwicklung, die gewiss als besonders langwieriger und schmerzhafter Lernprozess der Kirche qualifiziert werden muss, näher betrachtet und analysiert werden.

2. Vom Antijudaismus zum Antisemitismus – Kirchengeschichte als Schuldgeschichte

Das Verhältnis der Katholischen Kirche zum Judentum ist ein besonderes und unterscheidet sich kategorial vom Verhältnis zu den anderen Religionen. Selbst die Beziehung zum Islam, genau wie Christentum und Judentum eine monotheistische Religion, die sich auf den Stammvater Abraham beruft, hat eine andere religionstheologische Qualität. Das Proprium der jüdisch-christlichen Relation ist die historische Gestalt des Jesus von Nazareth, ein dem liberalen

---

[5] Zu Konzilsverlauf und Entstehungsgeschichte der verschiedenen Dokumente und Erklärungen vgl. auch O.H. Pesch, *Das Zweite Vatikanische Konzil. Vorgeschichte. Verlauf – Ergebnisse – Nachgeschichte*, Würzburg 2001. Mit Blick auf die Erklärung zum Verhältnis zu den nichtchristlichen Religionen zeigt Pesch auf, wie „Nostra Aetate" sukzessiv aus dem Bemühen um eine neue Verhältnisbestimmung zum Judentum erwachsen ist (vgl. S. 292–310): „So ist denn natürlich der 4. Artikel, der das Verhältnis der Kirche zu den Juden beschreibt, das Herzstück der ganzen Erklärung." (S. 305)

Pharisäertum zuzuordnender jüdischer Wanderprediger aus
Galiläa, der um 30 n. Chr. auf Anordnung des römischen
Stadthalters Pontius Pilatus in Jerusalem zum Tode verurteilt und durch Kreuzigung hingerichtet wurde. Für Juden
ist dieser Jesus bis heute ein Rabbi, also ein Wanderprediger,
der in Galiläa Anhänger um sich versammelte und seine
Botschaft von der Gottesherrschaft verkündete. Für Christen aber ist Jesus von Nazareth der Christus, also der Ge-
salbte und der Messias, in dessen Gestalt sich Gott in einmaliger und unüberbietbarer Weise in dieser Welt gezeigt
hat, um die Menschen aus ihrer Verstrickung in Sünde und
Schuld zu erlösen. Für Christen hat die Geschichte mit dem
Tod Jesu am Kreuz deshalb auch nicht ihr Ende gefunden:
Für sie hat Gott selbst Jesus von den Toten auferweckt und
damit die Macht des Todes durchbrochen.

Das Christentum ist also ursprünglich eine Sonder-
gruppe im Judentum Palästinas gewesen, dessen charismati-
scher Anführer wohl wegen seiner scharfen kultischen Kritik von der Tempelaristokratie bei der römischen
Besatzungsmacht denunziert und dann hingerichtet worden
ist.[6] In den ersten Jahrzehnten nach dem Tod Jesu verstanden sich seine Anhänger weiterhin als Teil einer Samm-
lungsbewegung, die das Alte Israel, repräsentiert durch
seine zwölf Stämme, auf Geheiß Jesu wiederherstellen wollte.[7] Erst durch das Wirken des Paulus von Tarsus, dem wohl
bedeutendsten Theologen unter den ersten Christen, öffnete
sich die urchristliche Bewegung auch für Nichtjuden und
breitete sich nun rasch innerhalb der weiten Grenzen des römischen Reichs aus. Als Stichdatum für diese Öffnung wird

---

[6] Zum Prozess und Hinrichtung Jesu vgl. J.D. Crossan, *Jesus. Ein revolu-
tionäres Leben*, München 1996 und J.D. Crossan, *Wer tötete Jesus?*, München 1999.
[7] Zur Geschichte des Urchristentums vgl. G. Theißen, *Die Religion der ersten Christen. Eine Theorie des Urchristentums*, Gütersloh 2001.

in der Regel das sogenannte Apostelkonzil bemüht, das wohl um 49 n. Chr. in Jerusalem stattfand und auf dem sich die Führer der neuen Jesus-Bewegung darauf einigten, bei nicht-jüdischen Bewerbern auf die Beschneidung als Zeichen der Initiation in das Judentum zu verzichten. Damit konnten also Nichtjuden, in der Sprache der Bibel ‚die Heiden‘, in die Nachfolgegemeinschaft der Christen eintreten, ohne vorher zum Judentum konvertieren zu müssen.

Paulus selbst illustriert das Verhältnis von Judentum und Christentum in dem Bild vom Ölbaum, das in der Überschrift dieses Aufsatzes zitiert worden ist: Die Kirche Jesu Christi ist wie ein Zweig, der in einen alten, aber edlen Ölbaum eingepfropft wird, damit er an dessen starkem Stamm wachsen und gedeihen kann (Röm. 11,24). Das Judentum ist in diesem Bild der über lange Jahrhunderte gewachsene Stamm, aus dessen Seite nun das Christentum als eingesetzter, junger und grünender Spross herauswächst. In diesem Bild stirbt der alte Ölbaum eben nicht ab, sondern bleibt weiter Stamm- und Lebensgrundlage für den neuen Zweig.

In den ersten beiden Jahrhunderten nach Christus geriet dieses Verständnis eines lebendigen Miteinanders von verwandten Religionen allerdings immer mehr aus dem Blick. Auch kultisch entwickelte sich die neue Gemeinschaft weiter, indem sie vor allem das gemeinsame liturgische Mahl als Vergegenwärtigung des auferstandenen Christus pflegte. An Stelle des Synagogengebets und des Tempeldienstes trat nun die Feier der Eucharistie, die große Danksagung, in der das letzte Abendmahl Jesu als Vermächtnis und Auftrag immer wieder nachvollzogen wird.[8]

Mit der Niederlage der Juden am Ende des Römisch-Jüdischen Krieges und der Zerstörung des Tempels durch

---

[8] Vgl. B. Kollmann, *Ursprung und Gestalten der frühchristlichen Mahlfeier*, Göttingen 1990.

Titus 70 n. Chr. schritt der Prozess der Entfremdung zwischen Juden und Christen fort, obwohl beide religiösen Gruppen noch gleichermaßen von Auseinandersetzungen mit den römischen Besatzungstruppen betroffen waren. Dass sich die christlichen Gemeinden dann aber im Kontext des so genannten Bar-Kochba-Aufstands (132–135 n. Chr.), der nächsten gewaltsamen Erhebung gegen die Römer, des Konflikts enthielten und deshalb von den Römern geschont wurden, führte zu einem wirklichen Bruch zwischen Christen und Juden.[9] In dieser Zeit beginnen nun auch gegenseitige Polemik und Anfeindung, wie sie auf christlicher Seite in den späten Schriften des Neuen Testaments bzw. in deren redaktioneller Bearbeitung an zahlreichen Stellen zu finden sind. Erste Vorwürfe, das jüdische Volk hätte Schuld am Tode Jesu, wurden laut.

Mit diesen polemischen Auseinandersetzungen gingen auch aggressive Missionierungsversuche beider Seiten einher, in deren Kontext allerdings gerade die jüdischen Gemeinden oft sehr erfolgreich Christen zur Konversion zum Judentum bewegen konnten. Insgesamt betrachtet blieben aber diese sogenannten Proselyten in der Minderheit: Bis zum Ende des 3. Jahrhunderts entstanden überall in der römischen Oikumene neue Christengemeinden, die mit großer Dynamik wuchsen, besonders in den multikulturellen Metropolen des Reichs. Das Judentum verlor dagegen durch die Zerstörung Jerusalems 70 n. Chr. seinen politischen, kulturellen wie theologischen Mittelpunkt und wurde in die Diaspora des Römischen Reichs verstreut.[10]

Als 313 n. Chr. Kaiser Konstantin nach dem Sieg an der Milvischen Brücke ein Toleranzedikt erließ, das den Chris-

---

[9] Vgl. H.H. Henrix, *Judentum und Christentum. Gemeinschaft wider Willen*, Regensburg/Kevelaer 2008, S. 25.
[10] Vgl. ebd., S. 27–34.

ten die gleichen Rechte einräumte wie allen anderen Kulten, war das Christentum schon überall innerhalb der Grenzen des Imperiums verbreitet. Mit Kaiser Theodosius, der 380 n. Chr. das Christentum sogar zur Staatsreligion erhob, begann schließlich die Zeit der Einheit von Kirche und Staat, also jene Allianz zwischen geistlicher und weltlicher Herrschaft, die erst im Zeitalter der Aufklärung durch die Gesetzgebung Napoleons enden sollte.

In dieser über 1400 Jahre währenden Epoche ist der christliche Umgang mit dem Judentum und Menschen jüdischen Glaubens ein düsteres Kapitel über Ignoranz, Aberglaube und abgrundtiefen Hass.[11] Aus dem Antijudaismus der frühchristlichen Auseinandersetzung wuchs ein ungezügelter Antisemitismus, in dem in wahnhafter Weise Religions- und Konfessionszugehörigkeit mit ethnischen und kulturellen Zuschreibungen verknüpft und zum Anlass von Diskriminierung, Stigmatisierung und Verfolgung wurden. Der historisch absurde Vorwurf, die Juden seien ‚Gottesmörder‘, denn sie hätten in Jesus Christus schließlich Gott selbst ans Kreuz geschlagen, wurde im Kontext von Kreuzzügen, Pogromen und Inquisition zur Begründung unvorstellbarer Grausamkeiten, die Christen Juden antaten.

David Goldhagen hat vor wenigen Jahren in einem viel diskutierten Buch nachzuweisen versucht, dass der flächendeckende nationalsozialistische Massenmord an den europäischen Juden zwischen 1942 und 1945 in seiner Perfidie und Perfektion nicht möglich gewesen wäre ohne den über Jahrhunderte durch die christliche Verkündigung gewachsenen Antisemitismus in Europa.[12] Unabhängig davon, wie

---

[11] Vgl. exemplarisch ebd., S. 35–68.
[12] Vgl. D.J. Goldhagen, *Die katholische Kirche und der Holocaust. Eine Untersuchung über Schuld und Sühne*, Berlin 2002.

man sich in dieser Debatte positionieren will, muss man doch anerkennen, dass der versuchte Genozid des jüdischen Volks im Herzen des christlichen Europa nicht nur ein „Zivilisationsbruch" (Dan Diner), sondern auch eine erschreckende Dekonstruktion des Christentums und aller seiner theologischen wie moralischen Ansprüche gewesen ist. Nicht umsonst debattiert man heute immer noch über die Rolle Papst Pius XII. im Holocaust und wirft diesem sein Schweigen im Angesicht des Massenmords am jüdischen Volk vor.[13]

3. „Ich bin Joseph, euer Bruder!" Johannes XXIII. und das II. Vatikanische Konzil

Wer geglaubt hatte, dass die Katastrophe der Shoah zu Buße, Reue und Neubesinnung auf Seiten der Katholischen Kirche und ihrer Amtsträger geführt habe, wurde in den ersten beiden Jahrzehnten nach 1945 bitter enttäuscht. Wie in vielen anderen gesellschaftlichen Bereichen auch, wurde die Mitschuld der Katholischen Kirche weder thematisiert noch aufgearbeitet. Zwar wuchs in der Kirche ein Bewusstsein für eine Neubewertung des Verhältnisses zum Judentum, doch kamen lehramtliche Reformen nur schrittweise in Gang.

Ein erstes Signal für die Neuorientierung des Lehramts war die Entscheidung der vatikanischen Ritenkongregation, die Fürbitte für die Juden in der Karfreitagsliturgie zu verändern. Hatte es seit 1570 im Missale Romanum geheißen „Lasset uns beten für die *treulosen* Juden, dass Gott, unser Herr, wegnehme die Schleier von ihren Herzen" (Her-

---

[13] Zur Diskussion um die Rolle von Papst Pius XII. vgl. als Überblicksdarstellung J.M. Sanchez, *Pius XII. und der Holocaust. Anatomie einer Debatte*, Paderborn 2002.

vorhebung C.P.S.), so formulierte die Kongregation 1959 neu: „Lasset uns auch beten für die Juden: Gott, unser Herr, möge den Schleier von ihren Herzen wegnehmen." Doch erst nach dem entscheidenden Paradigmenwechsel auf dem II. Vatikanischen Konzil wurde der Text der Karfreitagsfürbitte so umformuliert, dass statt des impliziten Vorwurfs der ‚Messias-Blindheit' eine Wertschätzung für das Volk Israel als Bundespartner Gottes und erster Offenbarungsempfänger zum Ausdruck kam: „Lasset uns beten für die Juden, zu denen Gott im Anfang [das erste Wort] gesprochen hat. Er gebe ihnen die Gnade, sein Wort immer tiefer zu verstehen und in der Liebe zu wachsen."[14]

Das II. Vatikanische Konzil (1962–1965) und der dort vollzogene Paradigmenwechsel wären nicht möglich gewesen ohne Papst Johannes XXIII. Angelo Giuseppe Kardinal Roncalli wurde 1958 als Nachfolger des wegen seiner Rolle im Holocaust umstrittenen Pius XII. zum Papst gewählt und verkündete bereits ein Jahr später die Einberufung eines Konzils, dessen große Aufgabe das „aggiornamento", also die „Verheutigung" der Kirche sein sollte. Johannes XXIII. setzte auch unabhängig vom Konzil Zeichen der Versöhnung mit dem jüdischen Volk. Berühmt geworden sind die Worte, mit denen er als erster Papst eine jüdische Delegation im Vatikan empfing. In Anlehnung an die Zusammenführung der Jakob-Söhne in Gen 45, 4 sprach er die Worte: „Ich bin Joseph, euer Bruder!"

Kurz vor seinem Tod formulierte er ein Bußgebet, in dem er das Fehlverhalten der Kirche im Holocaust beim Namen nannte: „Wir erkennen heute, daß viele Jahrhunderte der Blindheit unsere Augen verhüllt haben, so dass wir die

---

[14] Alle Textfassungen in lateinischer und deutscher Sprache finden sich in W. Homolka, E. Zenger (Hg.), „… *damit sie Jesus Christus erkennen". Die neue Karfreitagsfürbitte für die Juden*, Freiburg/Basel/Wien 2008; hier: S. 15–20.

Schönheit Deines auserwählten Volkes nicht mehr sehen
und in seinem Gesicht nicht mehr die Züge unseres erst-
geborenen Bruders wiedererkennen. Wir erkennen, dass
ein Kainsmal auf unserer Stirn steht. Im Laufe der Jahrhunderte hat unser Bruder Abel in dem Blute gelegen, das wir
vergossen, und er hat Tränen geweint, die wir verursacht
haben, weil wir Deine Liebe vergaßen. Vergib uns den
Fluch, den wir zu unrecht an den Namen der Juden hefte-
ten. Vergib uns, daß wir Dich in ihrem Fleische zum zwei-
tenmal ans Kreuz schlugen. Denn wir wußten nicht, was
wir taten."[15]

Wie in der Einleitung bereits erwähnt, setzten sich die
Konzilsväter in verschiedenen Konstitutionen und Erklärungen mit der Frage nach dem Verhältnis zu den anderen
Religionen auseinander. Von zentraler Bedeutung war dabei
die Erklärung über das Verhältnis der Kirche zu den nicht-
christlichen Religionen „Nostra Aetate". In diesem Dokument ist ein bis dahin unbekannter warmer und anerken-
nender Ton und eine wirkliche Wertschätzung für das
Judentum und alle anderen ‚Gottessucher' spürbar. Das Dokument beginnt mit einem Blick auf die Beziehung zum
Islam als der dem Christentum nach dem Judentum nächst-
stehenden Offenbarungsreligion.

Im Rückblick auf die über ein Jahrtausend während
gewalttätige Konkurrenzbeziehung zwischen Christen und
Muslimen sind die Aussagen dieses Abschnittes geradezu
revolutionär. Ohne Zweifel darf hier von einem Paradigmenwechsel im wissenschaftstheoretischen Sinn gesprochen werden. Die Konzilsväter sind sich dessen bewusst,
wenn sie am Ende des dritten Abschnittes schreiben: „Da
es jedoch im Lauf der Jahrhunderte zu manchen Zwistig-

---

[15] Inschrift auf einer Gedenktafel vor der Wernerkapelle in Bacharach am
Rhein.

keiten und Feindschaften zwischen Christen und Muslimen kam, ermahnt die Heilige Synode alle, das Vergangene beiseite zu lassen, sich aufrichtig um gegenseitiges Verstehen zu bemühen und gemeinsam einzutreten für Schutz und Förderung der sozialen Gerechtigkeit, der sittlichen Güter und nicht zuletzt des Friedens und der Freiheit für alle Menschen."[16]

Es folgt schließlich ein ausführlicher Abschnitt über die Neubestimmung des Verhältnisses zum Judentum. Diese Passage gehört wohl zu den rezeptionsgeschichtlich bedeutendsten Textstellen der Erklärung. Zwanzig Jahre nach der Befreiung von Auschwitz anerkennt die Katholische Kirche das Leidenszeugnis des jüdischen Volkes und verurteilt scharf alle Formen der Diskriminierung und des Antisemitismus: „Im Bewußtsein des Erbes, das sie mit den Juden gemeinsam hat, beklagt die Kirche, die alle Verfolgungen gegen irgendwelche Menschen verwirft, nicht aus politischen Gründen, sondern auf Antrieb der religiösen Liebe des Evangeliums alle Haßausbrüche, Verfolgungen und Manifestationen des Antisemitismus, die sich zu irgendeiner Zeit und von irgend jemandem gegen die Juden gerichtet haben."[17]

Zu einem Schuldbekenntnis und einer Bitte um Vergebung für den katholischen Anteil am europäischen Zivilisationsbruch konnte sich das Konzil noch nicht durchringen. Diesen Schritt wagte erst Johannes Paul II. 35 Jahre später im Rahmen seiner Israel-Reise im Heiligen Jahr 2000. Das in der Holocaust-Gedenkstätte Yad Vashem ausgesprochene Schuldbekenntnis und sein Gebet an der Klagemauer in der Jerusalemer Altstadt bildeten den Höhepunkt eines jüdisch-christlichen Dialoges auf höchster lehramtlicher Ebe-

---

[16] Nostra Aetate, S. 3, in: Fürlinger 2009.
[17] Nostra Aetate, S. 4, in: Fürlinger 2009.

ne, den Johannes Paul II. von Beginn seines Pontifikates an
als persönliches Anliegen gefördert und vollzogen hat, zuerst
im Jahre 1982 durch seinen Gang vom Vatikan zur Großen
Synagoge von Rom.[18]

Als Konsequenz einer solchen Neuorientierung fordert
schon das Konzil ein grundsätzliches Umdenken in Katechese und Religionsunterricht: „Darum sollen alle dafür
Sorge tragen, daß niemand in der Katechese oder bei der
Predigt des Gotteswortes etwas lehre, das mit der evangelischen Wahrheit und dem Geiste Christi nicht im Einklang
steht."[19] War ein durch die Katastrophe Holocaust moti-
viertes neues Verhältnis zum Judentum von einzelnen Denkern und Theologen angemahnt worden, so führte die Ma-
nifestation dieses Auftrages in der Konzilserklärung zu
einer ganzen Reihe von bibeltheologischen[20], systematisch-
theologischen[21] wie auch religionspädagogischen[22] Neu-
entwürfen auf dem Gebiet des jüdisch-christlichen Dialogs.
Den Ansätzen ist gemeinsam, dass in ihnen die jüdische
Herkunft und Religion Jesu, die Bedeutung der jüdischen

---

[18] Alle relevanten Texte von Johannes Paul II. zu diesem Thema finden sich
in Fürlinger 2009, S. 83–325.

[19] Nostra Aetate, S. 4, in: Fürlinger 2009.

[20] Vgl. vor allem das Lebenswerk des Münsteraner Exegeten Erich Zenger,
exemplarisch E. Zenger, *Fuß des Sinai. Gottesbilder des Ersten Testaments*, Düsseldorf 1998 und E. Zenger, *Das Erste Testament. Die jüdische
Bibel und die Christen*, Düsseldorf 2004.

[21] Zu einer Neuorientierung nach Auschwitz vgl. C. Thoma, *Christliche
Theologie des Judentums*, Aschaffenburg 1978; F. Mußner, *Traktat über
die Juden*, München 1979; G. Ginzel, *Auschwitz als Herausforderung für
Christen und Juden*, Heidelberg 1980 und J.B. Metz, „Im Angesicht der
Juden. Christliche Theologie nach Auschwitz", in: Concilium 20, 1984,
S. 382–389.

[22] Einen grundlegenden Neuansatz auf dem Gebiet der Religionspädagogik liefert die Freiburger Reihe „Lernprozeß Christen Juden" [G. Biemer,
E.L. Ehrlich (Hg.), *Lernprozeß Christen Juden*, Düsseldorf/Freiburg i.Br.
1980–1995] in der insgesamt 10 Bände erschienen sind, die christliches
„Lernen im Angesicht der Juden" (J.B. Metz) entfalten.

Bibel als Referenztext der Verkündigung Jesu und die besondere Verantwortung von Theologie im Angesicht der Shoah als hermeneutischer Horizont aller christlich-theologischen Reflexion konstitutiv geworden ist. In diesem Sinne hat „Nostra Aetate" wegweisenden Charakter für die Neubewertung des Verhältnisses von Christen und Juden bekommen.

4. Religionspädagogische Konsequenzen – der Lernprozess Christen – Juden

Soll sich das Verhältnis von Christen zu Juden nachhaltig ändern, muss zu einer theologischen Neuorientierung auf wissenschaftlicher Ebene auch unbedingt eine Neukonzeption von Verkündigung, Katechese und Religionsunterricht treten. Die Frage, wie und mit welchen Bildungszielen das Verhältnis von Christen und Juden im Rahmen religionspädagogischer und pastoraltheologischer Bildungsprozesse aufgenommen, bearbeitet und reflektiert wird, ist von ganz grundsätzlicher Bedeutung dafür, dass Kinder, Jugendliche und Erwachsene sich der theologischen Bedeutung des Judentums für uns Christen wie auch der politischen Verantwortung von Christen für Juden und Judentum bewusst werden. Noch 1980 hatte der Freiburger Exeget Peter Fiedler bei einer empirischen Studie nachweisen müssen, dass die meisten Religionsbücher und Predigthilfen auch 15 Jahre nach dem II. Vatikanischen Konzil vor Fehlern, Ungenauigkeiten und tendenziösen Deutungen des Judentums strotzten.[23] Dies motivierte seinen akademischen Lehrer, den Freiburger Religionspädagogen Günter Biemer, sich in

---

[23] Vgl. P. Fiedler, *Das Judentum im katholischen Religionsunterricht. Analysen, Bewertungen, Perspektiven*, Düsseldorf 1980.

den nächsten Jahrzehnten in einem Großprojekt dem
„Lernprozess Christen – Juden" zu widmen. Im Kontext
dieser Bemühungen sind verschiedene Studien und Konzep-
tionen entstanden, die von ausführlichen Lehrplananalysen
bis zu einer systematischen Christologie nach Auschwitz
reichen.[24]

Ohne Frage haben die Bemühungen des Freiburger Religionspädagogen Günter Biemer und von vielen anderen[25]
Früchte getragen. Die Lehrplanentwicklung im Fach Katholische Religion ist in den vergangenen 30 Jahren vom Bewusstsein für die besondere Verantwortung für das Judentum geprägt gewesen. Der status quo dieses Prozesses in der
religionspädagogischen Theoriebildung lässt sich besonders
anschaulich an den aktuellen kirchlichen Richtlinien für Bildungsstandards im Fach Katholische Religion zeigen.

Im Sommer 2005 – also 40 Jahre nach der Verabschie-
dung von „Nostra Aetate" – haben die deutschen Bischöfe
im Kontext der bildungspolitischen Debatte um die Ein-
führung von Bildungsstandards für das deutsche Schulwe-
sen kirchliche Richtlinien für Bildungsstandards im Fach
Katholische Religion verpflichtend gemacht.[26] Diese Richtlinien, die jene inhaltsbezogenen Kompetenzen für den Re-

---

[24] Vgl. G. Biemer, *Freiburger Leitlinien zum Lernprozeß Christen Juden.
Theologische und didaktische Grundlegung*, Düsseldorf 1981, G. Biemer,
A. Biesinger, P. Fiedler, *Was Juden und Judentum für Christen bedeuten.
Eine neue Verhältnisbestimmung*, Freiburg/Basel/Wien 1984 und G. Nie-
kamp, *Christologie nach Auschwitz. Eine kritische Bilanz*, Freiburg/Basel/
Wien 1996.
[25] Hier darf das umfangreiche Lebenswerk des Bonner Religionspädagogen Werner Trutwin nicht vergessen werden, das die Lehrbuch- und Me-
diendiskussion in den letzten 30 Jahren maßgeblich geprägt hat.
[26] Vgl. Die deutschen Bischöfe/Sekretariat der Deutschen Bischofskonferenz (Hg.), *Kirchliche Richtlinien zu Bildungsstandards für den katholischen Religionsunterricht in den Jahrgangsstufen 5–10/Sekundarstufe
(Mittlerer Bildungsabschluss)*, in: Hirtenschreiben, Erklärungen, Bd. 78,
Bonn 2004.

ligionsunterricht benennen, die Schülerinnen und Schüler im Rahmen des Mittleren Bildungsabschlusses am Ende der Sekundarstufe I beherrschen sollen, sind die kirchliche Reaktion auf einen Paradigmenwechsel in der Bildungspolitik, von dem auch der Religionsunterricht betroffen ist, nämlich der Umstellung des deutschen Schulsystems von einer an Lehrplänen orientierten Input-Steuerung auf eine an Kompetenzanforderungen ausgerichteten Output-Orientierung.[27]

Das Judentum wird in den kirchlichen Richtlinien zusammen mit dem Islam im Rahmen des Gegenstandsbereiches 6 „Religionen und andere Weltanschauungen" behandelt. Diese Kategorisierung lässt sich mit Blick auf das spezifische Verhältnis von Judentum und Christentum zwar hinterfragen, doch entspricht die Gliederung eben der Kategorisierung der nichtchristlichen Religionen durch das katholische Lehramt, wie sie seit der einschlägigen Konzilserklärung „Nostra Aetate" üblich geworden ist: Die religionsphänomenologische Trennlinie verläuft in dieser Erklärung über das Verhältnis der Kirche zu den nichtchristlichen Religionen zwischen den Natur- und Kulturreligionen des afrikanischen und asiatischen Raumes auf der einen[28] und dem Islam[29] wie Judentum[30] auf der anderen Seite – eine Gliederung, die z. B. auch in der interreligiösen Didaktik bis heute Gültigkeit behalten hat.[31] Konkret wird im Bereich der inhaltsbezogenen Kompetenzen

---

[27] Vgl. ausführlich C.P. Sajak, *Bildungsstandards für den Religionsunterricht – und nun?: Perspektiven für ein neues Instrument im Religionsunterricht,* Münster 2007.
[28] Nostra Aetate, S. 2, in: Fürlinger 2009.
[29] Ebd., S. 3.
[30] Ebd., S. 4.
[31] Vgl. S. Leimgruber, *Interreligiöses Lernen,* München 1995 und C.P. Sajak, *Das Fremde als Gabe begreifen. Auf dem Weg zu einer Didaktik der Religionen aus katholischer Perspektive,* Münster 2005.

gefordert, dass die Schülerinnen und Schüler in der Lage sein müssen „das Judentum in Grundzügen dar[zu]stellen". Dazu gehören folgende Einzelkompetenzen:
„Die Schülerinnen und Schüler
– kennen Beispiele jüdischen Lebens (möglichst) aus ihrer näheren Umgebung;
– erklären die Bedeutung von Festen wie Schabbat, Pessach (Seder), Bar (Bat) mizwa;
– erläutern die Ausstattung und die Bedeutung der Synagoge für das jüdische Gemeindeleben;
– stellen die Bedeutung der Tora für das jüdische Leben an Beispielen dar;
– erkennen antijüdischer Vorurteile und setzen sich kritisch mit ihnen auseinander."[32]
Wichtig scheint hier, dass neben dem religionskundlichen Basiswissen über heilige Bücher, Räume, Feste und Riten auch die kritische Auseinandersetzung mit antijüdischen Vorurteilen gefordert wird – ein unverzichtbares Element in jeder Form einer „Erziehung nach Auschwitz".[33]

Das besondere Verhältnis zwischen Juden und Christen kommt zudem in einem weiteren Bildungsstandard zum Ausdruck: Unter der Überschrift „Die Schülerinnen und Schüler können das Verhältnis der Kirche zum Judentum und zum Islam in Grundzügen erläutern" heißt es: Sie „zeigen an Beispielen (z. B. Bibel, Erwählung, Abraham, Volk Gottes) die Verbundenheit der Kirche mit Israel."[34] Diese Dimension der Verbundenheit von Christen und Juden in der Geschichte des auserwählten Volkes und in der jüdi-

---

[32] Vgl. Die deutschen Bischöfe/Sekretariat der Deutschen Bischofskonferenz 2004, S. 28.
[33] Vgl. einschlägig T.W. Adorno, „Erziehung nach Auschwitz", in: ders., *Stichworte: Kritische Modelle 2*, Frankfurt a. M. 1969, S. 85–101.
[34] Vgl. Die deutschen Bischöfe/Sekretariat der Deutschen Bischofskonferenz 2004, S. 29.

schen Existenz des Jesus von Nazareth verdeutlichen auch die Bildungsstandards zu den Gegenstandsbereichen „Bibel und Tradition" und „Jesus Christus". So heißt es im Rahmen des ersteren:

„Die Schülerinnen und Schüler

– wissen, dass die zentrale Glaubensurkunde der Juden (‚Hebräische Bibel') im wesentlichen das umfasst, was die Christen das ‚Alte Testament' nennen;
[…]
– zeigen an Beispielen, dass die Bibel für Juden und Christen die Grundlage ihres Glaubens und Lebens ist;
[…]
– können die Bedeutung Abrahams als ‚Stammvater des Glaubens' für Juden, Christen und Muslime erläutern."[35]

Und im Gegenstandsbereich „Jesus Christus" heißt es wörtlich: „Die Schülerinnen und Schüler legen dar, dass Jesus von Nazareth als Jude geboren wurde und gelebt hat."[36]

Auch wenn man sich im Bereich der religionskundlichen Inhalte noch einige weitere Gegenstände wünschen würde (z. B. die Einordnung von Tenak und Talmud, die Fähigkeit, Jom Kippur, Sukkot, Chanukka und Rosch Haschana erklären zu können, das Wissen um die Rolle des Rabbiners), so zeigt doch der Standardkatalog zum Judentum eine befriedigende und hilfreiche Sammlung von inhaltsbezogenen Kompetenzen. Denn was man bei der kritischen Lektüre nie vergessen darf, ist, dass dieser Katalog aufführt, was jede Schülerin und jeder Schüler, der in Deutschland die Schule mit der Mittleren Reife verlässt – und das sind Jugendliche aus Hauptschulen mit Aufbauzweig, aus

---

[35] Ebd., S. 22.
[36] Ebd., S. 24.

berufsbildenden Schulen, die zum Mittleren Bildungsabschluss führen, aus Realschulen wie auch Gesamtschu-
len und aus der Mittelstufe der Gymnasien – im Katholischen Religionsunterricht über Juden und Judentum
gelernt haben soll.

Wer in der deutschen Schule heute unterrichtet, der
weiß – unabhängig vom Schultyp und der Schulform – um
die Schwierigkeit, Kinder und Jugendliche überhaupt für
diese Themen zu interessieren und sie zu einem nachhaltigen Lernprozess anzuhalten. Mit Blick auf diese gesell-
schaftspolitischen Problemstellungen stellt der vorliegende
Kompetenzkatalog deshalb sicher das Maximum dessen
dar, was im Religionsunterricht von Schülerinnen und Schülern gefordert werden kann.

In diesem Zusammenhang ist es wichtig, deutlich in Erinnerung zu rufen, dass das Fachwissen über die jeweils andere Religion nur eine Dimension des Lernprozesses Christen-Juden ausmacht. Eine ebenso wichtige Dimension ist
die aktive Auseinandersetzung mit Antisemitismus, Judenverfolgung und Shoah – ein Anliegen, das mit zentralen
Elementen einer „Erziehung nach Auschwitz" kongruent
ist. Immer muss es auch darum gehen, das Leiden der Ver-
folgten und Ermordeten in Erinnerung zu halten, die
Mechanismen von Antisemitismus und Fremdenfeindlich-
keit aufzudecken und durch Einübung von Empathie und
Solidarität einem „Rückfall in die Barbarei"[37] vorzubeu-
gen. Es geht also um Haltungen und Werte, die im Rahmen
schulischer Lernprozesse grundgelegt und gefördert werden müssen, damit der Lernprozess Christen-Juden über
den Unterricht hinaus nachhaltig werden kann. Es ist deshalb gut, dass die deutschen Bischöfe in der kirchlichen
Richtlinie deutlich machen: „Die Ziele des Katholischen

---

[37] Adorno 1969, S. 98.

Religionsunterrichts umfassen Kenntnisse, Fähigkeiten und Haltungen."[38]

Doch sind Einstellungen und Haltungen nur begrenzt lehrbar. „Die Ausbildung von Einstellungen und Haltungen kann daher nicht in gleicher Weise wie der Erwerb von Kenntnissen und Fähigkeiten operationalisiert und evaluiert werden. Die Förderung von christlichen Einstellungen und Haltungen gehört jedoch zu den wesentlichen Zielen und damit zu den Qualitätsmerkmalen"[39] des katholischen Religionsunterrichts. Werden bei dieser erzieherischen Arbeit an Einstellungen und Haltungen auch Toleranz, Empathie, Solidarität und Ehrfurcht vor anderen Formen religiöser Praxis gefördert, sind auch die Voraussetzungen für einen wirklich nachhaltigen Lernprozess von Christen und Juden im Rahmen von Schule gegeben.[40]

5. Retardierung oder Rückschritt? Versuch eines Ausblicks

So erfolgreich der Lernprozess Christen-Juden in Gemeinde, Schule und Wissenschaft verlaufen ist, es darf an dieser Stelle nicht verschwiegen werden, dass sich in letzter Zeit die amtskirchliche Situation leider in einer Weise verändert hat, die dem jüdisch-christlichen Dialog wenig zuträglich ist. Während Johannes Paul II. in seinem Pontifikat charismatisch und engagiert auf das Judentum, aber auch auf alle anderen Weltreligionen zugegangen war, operiert sein Nachfolger Papst Benedikt XVI. eher vorsichtig und defen-

---

[38] Die deutschen Bischöfe/Sekretariat der Deutschen Bischofskonferenz 2004, S. 9 f.

[39] Ebd.

[40] Vgl. ausführlich C.P. Sajak, „Schabbat, Pesach und Bar Midzwa. Was Kinder und Jugendliche über das Judentum wissen sollten", in: Freiburger Rundbrief 13, 2006, 100–103.

siv im jüdisch-christlichen und auch im christlich-isla-
mischen Dialog. Leser seiner theologischen Publikation aus
der Zeit als Präfekt der Glaubenskongregation kann das
nicht wirklich überraschen.[41]

Die Art und Weise aber, mit der sowohl Papst Benedikt XVI. als auch die vatikanischen Behörden bei verschiedenen Anlässen – genannt seien an dieser Stelle nur die sogenannte Regensburger Vorlesung, die Neuformulierung
der Karfreitagsfürbitte für die Juden[42] und die oben bereits
erwähnte Wiederaufnahme der umstrittenen Pius-Bruderschaft in die Kirche – zu einer nachhaltigen Störung des Verhältnisse zu Juden und Muslimen beigetragen haben, ist ir-
ritierend und ärgerlich.

Dass sich Bundeskanzlerin Angela Merkel im Januar
2009 gezwungen sah, in die Debatte um die Wiederaufnahme des Holocaust-Leugners Williamson in die Kirche
einzugreifen und den Papst um eine Klarstellung der Haltung des Vatikans zur Frage des Holocaust aufzufordern,
ist ein einmaliger Vorgang in den Beziehungen des deutschen Staates zum Vatikan und muss entsprechend gewich-
tet werden. Offensichtlich hatten zu diesem Zeitpunkt
nicht nur viele Christen, sondern auch die deutsche Bundesregierung den Eindruck, dass das katholische Lehramt

---

[41] Vgl. zu diesem Thema im Besonderen J. Ratzinger, *Glaube – Wahrheit –
Toleranz. Das Christentum und die Weltreligionen*, Freiburg/Basel/Wien
2003.
[42] Inzwischen hat Papst Benedikt XVI. die wie oben beschriebene modifi-
zierte Karfreitagsfürbitte für die Juden im Zuge der Wiederzulassung des
lateinischen Messritus von 1570 in einer Fassung neu ediert, die wieder
auf eine Bekehrung der Juden zu Jesus als Messias abzielt: „Lasst uns
auch beten für die Juden, auf dass Gott, unser Herr, ihre Herzen erleuchte,
damit sie Jesus Christus erkennen, den Retter aller Menschen." (Homolka,
Zenger 2008, S. 20). Diese neue Fassung hat für nachhaltige Irritationen
bei Christen wie Juden gesorgt und zu einer intensiven Debatte geführt,
die im Band von Walter Homolka und Erich Zenger ausführlich dokumentiert ist.

eine Abkehr von dem seit dem II. Vatikanischen Konzil eingeschlagenen Kurs der besonderen Wertschätzung und Verantwortung für das Judentum vollzogen haben könnte.

Papst Benedikt hat durch die anschließende nachdrückliche Verurteilung von Antisemitismus und Holocaust-Leugnung zumindest versucht, diese Irritationen aus der Welt zu schaffen. Es bleibt jedoch abzuwarten und zu beobachten, wie sich das Verhältnis der Katholischen Kirche zum Judentum weiterentwickeln wird. Vielleicht ist der Lernprozess, den die Katholische Kirche über zwei Jahrtausende durchlaufen hat, durch die Ereignisse der letzten drei Jahre nur retardiert worden und wird bald wieder an Dynamik gewinnen.

Wolfram Weiße

Die religiöse Dimension des interkulturellen Dialogs. Jugendliche in Europa zu kultureller und religiöser Heterogenität

Einleitung

In den letzten zehn Jahren ist eine zunehmende Tendenz fest-zustellen, dem Faktor Religion im Rahmen des interkulturel-len Dialogs eine wachsende Bedeutung zuzuschreiben. Die Frage, inwieweit Religionen eine Ressource für wechselsei-tige Verständigung bilden können, wo aber auch religiös be-dingte Konfliktpotenziale liegen, erlangt im nationalen wie internationalen Bereich eine immer stärkere Bedeutung. Dies hängt auch mit einer Veränderung der Einschätzung der Bedeutung von Religion für Individuen, Gesellschaft und Politik zusammen. Nachdem es in Westeuropa lange Zeit so schien, als ob sich Religionen im Rahmen einer kon-tinuierlich fortschreitenden Säkularisierung im individuellen wie gesellschaftlichen Bereich verflüchtigen würden, haben wir es in den vergangenen Jahren mit einer gegenteiligen Entwicklung zu tun. Überall in Europa und auf internatio-nalem Gebiet scheint es ein Wiederaufleben von Religion im gesellschaftlichen Bereich ebenso wie in individuell-le-bensgeschichtlicher Orientierung zu geben. Selbst in Staaten wie Frankreich mit einem seit über 100 Jahren etablierten System der Laizität, d. h. der strikten Trennung zwischen Staat und Religion, ist eine Rückkehr des Religiösen „dans la sphère publique" zu konstatieren.[1]

---

[1] J.-P. Willaime, *Le retour du religieux dans la sphère publique. Vers une laïcité de reconnnaissance et de dialogue*, Lyon 2008.

Es ist deutlich, dass das Paradigma der Säkularisierung nicht mehr tragfähig ist, dass sich aber auch neue Bedeutungen von Religion im öffentlichen Leben in einer Phase des Überganges befinden und noch nicht austariert sind. Ohne Zweifel wird es in den nächsten Jahren hierzu eine intensive Auseinandersetzung auf unterschiedlichen Ebenen geben: An Universitäten in Deutschland werden Exzellenzzentren zu Religion und Gesellschaft und zu Fragen des interreligiösen Dialogs gegründet, europäische Institutionen weisen in politisch hochrangigen Erklärungen auf die große Bedeutung von Religionen für den Zusammenhalt in Gesellschaften und die Lösungsmöglichkeiten von sozialen Konflikten hin[2], hoch angesehene Politiker wie der frühere Bundeskanzler Helmut Schmidt sehen Religionen als zentrales Thema des 21. Jahrhunderts und international renommierte Wissenschaftler aus ganz verschiedenen Disziplinen nehmen das Thema neu auf. Beispielhaft für diese generelle Entwicklung ist das Interesse des Philosophen Jürgen Habermas am Thema Religion, das sich seit seiner Rede bei der Verleihung des Friedenspreises des deutschen Buchhandels im Herbst 2001 in mehreren Veröffentlichungen niederschlug. So plädiert Habermas für eine in seinen Augen notwendige Überwindung eines „säkularistisch verhärteten und exklusiven Selbstverständnisses" in der westlichen Moderne.[3] Religiöse Überlieferungen seien notwendig, um Bewusstseinsdefizite zu überwinden: „Religiöse Überlieferungen leisten bis heute die Artikulation eines Bewusstseins von dem, was fehlt. Sie halten eine Sensibilität für Versagtes

---

[2] Council of Europe, *White Paper on Intercultural Dialogue „Living Together as Equals in Dignity"*, *launched by the Council of Europe Ministers of Foreign Affairs at their 118th Ministerial Session, Strasbourg*, Straßburg 2008.

[3] J. Habermas, *Zwischen Naturalismus und Religion. Philosophische Aufsätze*, Frankfurt a. M. 2005, S. 145.

wach. Sie bewahren die Dimensionen unseres gesellschaftlichen und persönlichen Zusammenlebens, in denen noch die
Fortschritte der kulturellen und gesellschaftlichen Rationa-
lisierung abgründige Zerstörungen angerichtet haben, vor
dem Vergessen."[4] Schließlich sieht Habermas ein besonderes Potenzial in religiöser Toleranz, die er als „Schritt-
macher für einen richtig verstandenen Multikulturalismus
und die gleichberechtigte Koexistenz verschiedener kultureller Lebensformen innerhalb eines demokratisch verfassten Gemeinwesens" bezeichnet.[5]
Es geht heute beim interreligiösen und interkulturellen
Dialog ganz zentral um die Frage, wie Religionen in ihrer
Vielfalt eine Ressource für menschliches Zusammenleben
darstellen können und nicht Ursache für starre Abgrenzung
bilden. Hierfür reicht es nicht aus, sich mit einem gesellschaftlichen Nebeneinander von Menschen unterschiedlicher sprachlicher, kultureller und religiöser Zugehörigkei-
ten zu bescheiden. Vielmehr ist es mehr denn je notwendig,
auf den anderen zuzugehen – mit dem Ziel der gegenseitigen
Anerkennung.
Wie ist diese sozialethische Forderung theoretisch zu ver-
ankern? Drei Ansätze sollen in hier gebotener Kürze angesprochen werden: der des jüdischen Philosophen Emmanuel
Lévinas, der an der Sorbonne in Paris lehrte; der des ebenfalls bis zu seinem Tod an der Sorbonne lehrenden protestantischen Philosophen Paul Ricœur und der des katholischen Theologen und Erziehungswissenschaftlers Helmut
Peukert von der Universität Hamburg.
Emmanuel Lévinas unterstreicht, dass sich unsere gesamte Ethik auf die Relation zum Anderen, zum Nächsten,
zum Nachbarn gründet. Hierbei steht die Verantwortung

---

[4] Ebd., S. 13.
[5] Ebd., S. 263 f.

für den anderen im Vordergrund, die Verantwortung „pour autrui" – und dies kann sowohl mit „Nachbar" als auch mit „Nächster" übersetzt werden. Diese Verantwortung ist nach Lévinas ohne Grenzen, kann nicht als Schuld verstanden werden, die man abtragen könne. Sie geht bis ins eigene Mark: „Et c'est là la subjectivité du moi."[6] Die Verantwortung für den Anderen ist damit die Voraussetzung für die eigene Subjektivität. Der Kern der eigenen Identität, so könnte man mit Lévinas sagen, liegt in der Verantwortung für den Anderen, für den Nächsten, für den Nachbarn. Das Eigene kann erst durch den Anderen entdeckt, entwickelt und ausgeformt werden.

Paul Ricœur hat ein doppeltes Anliegen zentral begründet: Es gelte, den Anderen in seiner Andersheit anzuerkennen *und* sich selbst als verantwortliches und handelndes Subjekt zu erkennen, um in wechselseitiger Anerkennung zu einer Gewissheit der eigenen Identität zu gelangen. Er plädiert damit für eine Identitätsfindung, die nicht auf die Wahrung der eigenen Identität durch Abschluss von anderen angewiesen ist, sondern nur im Bezug zu ihnen zu finden ist. Im Gegenüber des Anderen ist eine Wechselseitigkeit der Beziehung trotz fortbestehender Asymmetrien „angekündigt"[7].

Der katholische Theologe und Erziehungswissenschaftler Helmut Peukert weist auf die Gefahr eines aus Machtgründen bestimmten Motivs der Identitätsfindung hin und mahnt, dass „der Versuch, verzweifelt man selbst sein zu wollen, zu dem Versuch werden [kann], sich zur eigenen Macht zu entschließen und angesichts eigener Ohnmacht nichts sein zu wollen als Wille zur Macht und zu ihrer Steigerung, und dies gegenüber aller Wirklichkeit und damit

---

[6] E. Lévinas, „Penser Dieu à partir de l'éthique", in: ders., *Dieu, la Mort et le Temps,* Paris 1993, S. 157.
[7] P. Ricœur, *Wege der Anerkennung. Erkennen, Wiedererkennen, Anerkanntsein,* Frankfurt a. M. 2006, S. 306.

auch gegenüber den anderen."[8] Einer solchen Auffassung von machtförmiger Identität stellt Peukert die der christlichen Tradition entgegen. Hier gehe es um die Erinnerung an die Erfahrung von Vernichtung und Rettung im Tod und im Glauben an die Auferstehung des Jesus von Nazareth. Er unterstreicht mit Rückgriff auf Grundmotive der jüdischen und christlichen Tradition die Aufgabe der „unbedingten Solidarität", die auf Hoffnung gegen alle Hoffnung gerichtet ist, und erläutert dazu: „Existieren in solcher Hoffnung ist nicht das Behaupten einer schon erreichten Ganzheit, sondern hoffendes Ausgespanntsein und Zugehen auf die Gewährung von Integrität für die anderen und erst darin auch für sich selbst. Sie ist gegenüber einem sich selbst genügenden und behauptenden Selbstsein sich offen haltende, hoffende ‚Nicht-Identiät'."[9]

Diese Ansätze bergen weitreichende Konsequenzen für den persönlichen und gesellschaftlichen Bereich. In diesem Rahmen gewinnt auch die Beachtung religiöser Vielfalt an Bedeutung. Wenn die Anerkennung und das Erkennen des Anderen ein notwendiger Pol für die Selbsterkenntnis des Subjekts und das Anerkanntsein im sozialen Leben sind, wenn die Zusage auf eigene Identität notwendigerweise über die „unbedingte Solidarität" mit dem bzw. der Anderen laufen muss, dann kann ein Abschluss anderen gegenüber in keiner Weise philosophisch oder theologisch gerechtfertigt werden. Dann ist eine solche, womöglich machtförmige Abgrenzung gegen Andere kein Modell für Identifikationsprozesse. Und dann bildet die Pluralität religiöser Positionen eine Chance, Andere als Menschen in ih-

[8] H. Peukert, „Identität", in: P. Eicher (Hg.), *Neues Handbuch theologischer Grundbegriffe*, Bd. 2, München 2005, S. 190.
[9] H. Peukert, *Wissenschaftstheorie, Handlungstheorie, fundamentale Theologie. Analysen zu Ansatz und Status theologischer Theoriebildung*, Frankfurt a. M. 2009, S. 393.

rem Anderssein wahrzunehmen und sich auf einen Weg der wechselseitigen Anerkennung zu begeben.

Finden derartige Vorstellungen, die auf Anerkennung anderer religiöser und kultureller Positionen zielen, in den Köpfen und Herzen von Menschen überhaupt einen Wurzelgrund?

Sehen wir uns hierzu neue Forschungsergebnisse an, die darüber Aufschluss geben, wie Jugendliche in Europa zu dieser Frage denken. Mit dieser Fokussierung kann nicht der Anspruch erhoben werden, die Einstellungen der Bevölkerung in Europa insgesamt abzubilden, aber immerhin haben wir es bei Jugendlichen mit einer Altersgruppe zu tun, die den Meinungsbildungsprozess in ihren Regionen als zukünftige Wählerinnen und Wähler und als womöglich aktive Staatsbürger über längere Zeit vorantreiben können.

Nach einer Übersicht zu den Ansätzen und Zielen des Forschungsprojektes, aus dem die hier vorgelegten Untersuchungen stammen, werden ausgewählte Ergebnisse zur Frage präsentiert, wie Jugendliche in Europa zu religiöser und kultureller Heterogenität stehen.

Jugendliche in Europa zur Frage religiöser und kultureller Heterogenität

Der Rahmen: Ein Überblick zum Forschungsprojekt REDCo

Die Ergebnisse, die im Folgenden dargestellt werden, wurden im Rahmen des europäischen Großforschungsprojektes REDCo gewonnen.[10] Worum ging es dabei? In aller Kürze

---

[10] Vgl. D.-P. Jozsa, T. Knauth, W. Weiße (Hg.), *Religionsunterricht, Dialog und Konflikt. Analysen im Kontext Europas,* Münster/New York/München/Berlin 2009.

kann gesagt werden: REDCo ist das Akronym für den Titel des Projektes: „Religion in Education. A contribution to Dialogue or a factor of Conflict in transforming societies of European Countries". Es wurde von der europäischen Kommission vom März 2006 bis März 2009 mit einer Summe von knapp 1,2 Millionen Euro gefördert.[11]

Das Hauptziel des Projektes bestand darin, die Möglichkeiten und Grenzen von Religion im Bildungsbereich europäischer Länder zu untersuchen und miteinander zu vergleichen. Teilgenommen haben Universitäten aus Estland und Russland, Norwegen und Deutschland, den Niederlanden und England, Frankreich und Spanien. Die Projektleitungen der Forschungsgruppe („Consortium") verfügten bereits über Kooperationserfahrungen untereinander und ergänzten sich in den von ihnen vertretenen Disziplinen der Theologie, Islamwissenschaft, Erziehungswissenschaft, Religionspädagogik, Soziologie, Politologie und Ethnologie. Die finanziellen Ressourcen der Europäischen Kommission erlaubten es, insgesamt 40 jüngere Forscherinnen und Forscher in das Projekt mit einzubeziehen. Dies war die Voraussetzung für ein Forschungsprojekt mit enormer Dynamik und reichem Output.

Unser Interesse richtete sich weniger auf Glaubenssysteme oder eine Systematik der Weltreligionen. Wir konzentrierten uns stärker auf Formen und Vorstellungen der Religiosität von Jugendlichen. Mit Bezug auf Emmanuel Lévinas konzentrierten wir uns auf die „Nachbarreligionen"[12] – auf die Religion und Religiosität der Nachbarn im Klassenzim-

---

[11] Vgl. W. Weiße (Hg.), *Theologie im Plural. Eine akademische Herausforderung*, Münster/New York/München/Berlin 2009.

[12] Vgl. W. Weisse, „Difference without Discrimination: Religious Education as a Field of Learning for Social Understanding?", in: R. Jackson (Hg.), *International Perspectives on Citizenship, Education and Religious Diversity*, London 2003.

mer in der Schule, im Stadtteil und in der Gesellschaft insgesamt. Die Religionen sind dort präsent, so dass wir sie besonders gut im lokalen Kontext in ihren gegenwärtigen Formen und ihren Potenzialen für Dialog und Konflikt analysieren konnten. In dem Verständnis von Nachbarreligionen sahen und sehen wir einen geeigneten Ansatz, um uns mit religiöser Pluralität, Differenz und Heterogenität zu befassen.

Einen großen Stellenwert für den Theorierahmen von REDCo besaß der „Interpretative Ansatz"[13]. Dieser zeichnet sich durch drei Grundelemente aus: Der Terminus „Repräsentation" besagt, dass Religionen nicht homogen sind, sondern die Unterschiedlichkeit innerhalb der Religionen und die Einzigartigkeit jedes einzelnen Mitgliedes einer Religion zu beachten ist. „Interpretation" zielt darauf ab, dass die eigene Perspektive einen wichtigen Teil im Erkenntnisprozess bildet. „Reflexivität" unterstreicht die Prozessorientierung und den kritischen Ansatz von Lernprozessen.

In allen Projekten wurden die zeitgeschichtlichen und kontextuellen Voraussetzungen in den am Forschungsvorhaben beteiligten Ländern analysiert, um die Ausgangsposition für gegenwärtige und zukünftige Entwicklungen im interreligiösen Bereich zu beleuchten.[14] Die Anlage der Forschung zeichnete sich an allen Projektstandorten durch eine Verbindung theoretisch-konzeptioneller und sozialwissenschaftlich-empirischer Methoden aus, wobei die empirische Forschung die zentrale Rolle spielte. Als Methoden wurden überall eingesetzt: teilnehmende Beobachtung, halbstrukturierte Interviews, qualitative und quantitative

---

[13] Vgl. R. Jackson, *Religious Education: An Interpretative Approach,* London 1997.
[14] Vgl. R. Jackson, S. Miedema, W. Weisse, J.-P. Willaime (Hg.), *Religion and Education in Europe: Developments, Contexts and Debates*, Münster/ New York/München/Berlin 2007.

Befragungen mittels Fragebögen sowie Interaktionsanalysen, vor allem auf der Grundlage von videographierten Unterrichtsstunden. In allen Projekten richtete sich das Hauptinteresse auf Schülerinnen und Schüler im Alter von 14–16 Jahren. Das Untersuchungsinteresse bestand darin zu erfahren, was Schülerinnen und Schüler im Feld von Religion und Religiosität wissen, wie sie die Funktion von Religion für Dialog und Verständigung sehen und welche Wünsche sie für die Einbeziehung von Religion und Religiosität im Rahmen von Schule haben. Hierzu haben wir eine umfangreiche qualitative schriftliche Befragung in allen beteiligten Ländern durchgeführt.[15] Auf dieser Grundlage wurde eine quantitative Befragung entworfen, durchgeführt und ausgewertet.[16] Weiterhin wurden Studien zu den Strategien von Lehrerinnen und Lehrern im Umgang mit religiöser Heterogenität[17], zur Frage von Muslimen und Bildung[18] und zum interreligiösen Dialog im Klassenzimmer durchgeführt.[19]

Im Folgenden richtet sich der Fokus auf ausgewählte Ergebnisse unserer qualitativen und quantitativen Untersuchung, die wir in allen beteiligten Ländern durchgeführt

---

[15] Vgl. T. Knauth, D.-P. Jozsa,G. Bertram-Troost, J. Ipgrave (Hg.), *Encountering Religious Pluralism in School and Society: A Qualitative Study of Teenage Perspectives in Europe,* Münster/New York/München/Berlin 2008.

[16] Vgl. P. Valk, G. Bertram-Troost, M. Friederici, C. Béraud (Hg.), *Teenagers' Perspectives on the Role of Religion in their Lives, Schools and Societies: A European Quantitative Study,* Münster/New York/München/ Berlin 2009.

[17] Vgl. A. van der Want, C. Bakker, I. ter Avest, J. Everington (Hg.), *Teachers Responding to Religious Diversity in Europe*, Münster/New York/München/Berlin 2009.

[18] Vgl. A. Alvarez Veinguer, G. Dietz, D.-P. Jozsa, T. Knauth (Hg.), *Islam in Education in European Countries – Pedagogical Concepts and Empirical Findings,* Münster/New York/München/Berlin 2009.

[19] Vgl. I. ter Avest, D.-P. Jozsa, T. Knauth, J. Rosón, G. Skeie (Hg.), *Dialogue and Conflict on Religion. Studies of Classroom Interaction in European Countries,* Münster/New York/München/Berlin 2009.

haben. Dabei stehen die Vorstellungen der Jugendlichen im Zentrum, ob sie mit Menschen anderer Religionen und Weltanschauungen gut zusammenleben können oder nicht.

Religiöse und kulturelle Heterogenität aus Sicht von Schülerinnen und Schülern in europäischen Ländern. Ausgewählte Ergebnisse einer „mixed-method" Studie von REDCo

Bislang gab es weder für unsere Forschungsfrage nach Dialog und Konflikt noch zu benachbarten Fragestellungen international vergleichende empirische Analysen, die mit qualitativen Methoden durchgeführt worden wären. Vorhandene Untersuchungen zur Frage von Religion und Religiosität bei Jugendlichen sind in der Regel nur auf ein Land bezogen, und sie sind dazu hauptsächlich quantitativ angelegt.[20] Der von der Bertelsmann Stiftung vorgelegte Religionsmonitor ist als quantitativ angelegte Studie zwar auch auf verschiedene Länder Europas bezogen, kann aber für unsere Fragestellung nur bedingt Aufschluss geben.[21] Die einzige international-vergleichende Studie, die mehrere europäische Länder zum Thema „Religion von Jugendlichen" umfasst und z.T. auch Fragestellungen nach religiöser Heterogenität aufnimmt, ist die quantitative Studie eines von Hans-Georg Ziebertz geleiteten Forschungskonsortiums. Auch wenn die unterschiedliche Methodologie keinen direkten Vergleich erlaubt und die untersuchte Altersgruppe mit durchschnittlich 18 Jahren zwei Jahre über der unseren liegt, so wird eines auch dort deutlich: Jugendliche sehen religiöse Heterogenität nach dieser Studie überwiegend als positiv

---

[20] Siehe z. B. Deutsche Shell (Hg.), *Jugend 2000. 13. Shell Jugendstudie*, 2 Bände, Opladen 2000.
[21] Bertelsmann Stiftung (Hg.), *Religionsmonitor 2008*, Gütersloh 2007.

an.[22] Nicht deutlich wird dabei, welche Denkmuster hinter
einer solchen Haltung stehen und wie Gegenargumente gela-
gert sind. Dies war das Hauptinteresse unserer qualitativ angelegten Forschung im REDCo-Projekt. Hierzu sei im Folgenden ein Einblick gegeben und ein Sektor aus den darauf
aufbauenden quantitativen Befragungen dargestellt.

Ergebnisse der qualitativen Untersuchungen: Jugendliche zu religiöser Heterogenität

Zunächst folgen einige Angaben zum Sample und zum me-
thodischen Vorgehen in der qualitativen Forschung, bevor
strukturierte Ergebnisse dargestellt werden. Das Sample ist
so angelegt, dass unterschiedliche sozial-ökonomische und
kulturell-religiöse Faktoren mit maximaler Variation einbezogen wurden und eine Gender-Balance angestrebt wurde.[23] In allen Ländern lag das Sample bei mindestens 70 aus-
gefüllten Fragebögen, in fast allen Ländern lag die erreichte
Fallzahl deutlich darüber, z. B. in Hamburg bei rund 150.
Insgesamt sind über 1000 Fragebögen ausgefüllt worden.
Entgegen unseren Erwartungen, dass sich die Schülerinnen

---

[22] Die Youth in Europe II Studie ermittelte anhand einer Skala mit fünf Un-
tersuchungsgegenständen die Einstellungen der Jugendlichen hinsichtlich
„religious and cultural pluralism". Vgl. H.-G. Ziebertz, W.K. Kay, „Ana-
lytical Tools and Methods", in: H.-G. Ziebertz, W.K. Kay (Hg.), *Youth in
Europe II: An International Empirical Study about Religiosity*, Berlin
2006, S. 49. Im Kern lautet das Ergebnis: „Pluralism is approved overall",
H.-G. Ziebertz, W.K. Kay, „Religiosity of Youth in Europe – a Compara-
tive Analysis", in: Ziebertz, Kay 2006, S. 256.
[23] Vgl. G. Bertram-Troost, M. Friederici, J. Ipgrave, D.-P. Jozsa, T. Knauth,
A. Körs, „European Comparison: Methodological Reflections on the
Comparative Approach", in: T. Knauth, D.-P. Jozsa, G. Bertram-Troost,
J. Ipgrave (Hg.), *Encountering Religious Pluralism in School and Society –
A Qualitative Study of Teenage Perspectives in Europe*, Münster/New
York/München/Berlin 2008.

und Schüler bei den Antworten kurz fassen würden, haben wir bei den meisten ausführliche, bei etlichen sehr ausführliche Antworten bekommen, die eine reiche Ressource für unsere Analysen bieten.

Wie sahen einige wichtige Ergebnisse der erwähnten qualitativen Studie aus? Abgesehen von den erwartbaren Unterschieden, die in den Aussagen von Schülerinnen und Schülern in den acht beteiligten europäischen Ländern zum Ausdruck kommen (und das ist nicht verwunderlich, wenn man sich die Spannbreite von Estland sowie Russland auf der einen Seite und Frankreich sowie Spanien auf der anderen Seite vergegenwärtigt), haben sich auch starke Gemeinsamkeiten der befragten Schülerinnen und Schüler in allen diesen Ländern herausgeschält.

Ich konzentriere mich zunächst auf die Frage, wie die Schülerinnen und Schüler zur Frage des religiösen Pluralismus stehen. Inwieweit werden Bedenken gegenüber anderen Religionen geäußert, inwiefern wird positiv auf religiösen Pluralismus zugegangen, und wie sieht das Gesamtbild aus? Danach werden zusätzlich Perspektiven zum Religionsunterricht angesichts religiöser Heterogenität skizziert und an einem Fallbeispiel exemplifiziert.

Insgesamt gilt für alle Länder, in denen wir unsere Untersuchungen durchgeführt haben, dass die Bedenken zu religiöser Pluralität weit weniger ausgeprägt sind. Vielmehr fanden wir positive Einschätzungen und Konnotationen religiöser Vielfalt.

Um die Hauptargumentationen nachvollziehbar zu machen, verbinde ich generelle Bemerkungen mit einer Auswahl von Zitaten von Schülerinnen und Schülern aus Spanien, Frankreich, Estland, Russland, Norwegen, Deutschland, den Niederlanden und England. Die Strukturen der Argumentationen sind in diesen Ländern so ähnlich, dass sie wie ein Netzwerk einander ergänzender Aspekte erscheinen.

Dass mit einer solchen vergleichenden Darstellung ein
Wagnis verbunden ist, nehmen wir bewusst in Kauf. Aber
ein solcher Ansatz ist als ein tastender Versuch im Feld von
international-vergleichender Forschung zu werten, die insgesamt im Bereich der Religionspädagogik bisher nur in wenigen Ansätzen verwirklicht wurde. In der folgenden Darstellung sind die Bezüge zu einzelnen Ländern nicht als
inhaltliche Abgrenzungen zu verstehen, sondern bieten kon-
krete Verortungen mit exemplarischem Charakter.

Bedenken gegenüber religiösem Pluralismus:

Im Folgenden finden wir neben prinzipiellen Einwänden gegenüber den Möglichkeiten einer friedlichen Koexistenz
von Menschen unterschiedlicher Religion in stärkerem
Maße Hinweise auf Konditionen, an die ein friedliches Zusammenleben gebunden ist.

Trennung durch Religion: Jugendliche in Spanien thematisieren vor allem die Beziehung zwischen katholischen und
muslimischen Schülerinnen und Schülern. Hier wird von einer katholischen Schülerin erklärt, dass ein Zusammenleben mit Muslimen nicht möglich – ja „eine Katastrophe"–
sei, weil man unterschiedliche Bräuche und Essensvor-
schriften habe (Schweinefleisch und Alkohol). Umgekehrt
wird die Möglichkeit des Zusammenlebens von einer muslimischen Schülerin in Frage gestellt, weil die eigene Religion
sich auf den Koran gründe und die Christen „immer über
Jesus reden".[24]

Intoleranz durch Religion: Von französischen Schülerin-

---

[24] G. Dietz, J.R. Lorente, F. Ruiz Garcon, „Religion and Education in the
View of Spanish Youth: The Legacy of Mono-Confessionalism in Times of
Religious Pluralism", in: Knauth u. a. 2008, S. 38.

nen und Schülern wird – so wie es viele der befragten Jugendlichen in Europa sehen – spezifiziert, dass ein Problem
entstehe, wenn sich Religion als intolerant oder gar terroristisch zeige.

Zwang und Fanatismus durch Religion: In Russland
wird dieser Aspekt ergänzt. Respekt müsse damit einhergehen, anderen „nichts aufzuerlegen oder etwas zu erzwingen. Es gebe unschöne Momente, wenn z. B. ein muslimischer Flüchtling damit beginnt, seine Gesetze in einem
fremden Land zu diktieren."[25]

Vorurteile durch Religion: In Deutschland wiederholt
sich diese Struktur, die sich aber aus der Sicht eines von Vorurteilen betroffenen muslimischen Mädchens ganz anders
darstellt: „Viele Leute anderer Religion hassen die Muslime, weil sie denken, dass wir alle Terroristen sind. Wenn
sie uns nicht als Terroristen ansehen würden, könnten wir
in Frieden miteinander leben."[26]

Überlegenheitsbewusstsein durch Religion: In England
weist ein religiös nicht gebundener Schüler auf die Spannung zwischen Anspruch und Wirklichkeit hin: „Ja, Menschen unterschiedlicher Religionen sollten zusammen leben,
aber ich denke, dass das die menschlichen Fähigkeiten übersteigt. In Wirklichkeit glauben Menschen, dass ihr Glaube
dem anderer Menschen überlegen ist […]."[27]

So weit die Voten mit Hauptargumenten, die auf Schwierigkeiten im Zusammenleben von Menschen unterschiedlicher Religionszugehörigkeit verweisen.

---

[25] F. Kozyrev, „Religion and Education through the Eyes of Students from Saint-Petersburg", in: Knauth u. a. 2008, S. 296.
[26] D.-P. Jozsa, „Religious Education in North-Rhine Westphalia: Views and Experiences of Students", in: Knauth u. a. 2008, S. 193.
[27] J. Ipgrave, U. McKenna, „Diverse Experiences and Common Vision: English Students' Perspectives on Religion and Religious Education", in: Knauth u. a. 2008, S. 132.

Wertschätzung von religiösem Pluralismus:

Wie sehen nun die Gründe für eine Wertschätzung religiöser
Pluralität in den Augen von Jugendlichen in Europa aus?
Interesse an anderer Religion: Eine spanische katholi-
sche Schülerin formulierte ihre Sicht folgendermaßen – und
drückte damit eine Grundrichtung vieler von uns befragter
Jugendlicher in Europa aus: „Es ist interessant, über den
Glauben anderer Menschen etwas zu wissen, um etwas
über ihre Götter und Bräuche zu erfahren."[28]

Bürgerrechte und Toleranz durch Religion: Ähnlich, aber
mit Akzent auf die allen Menschen zustehenden Bürgerrechte, lautet die folgende Argumentation eines jüdischen Schü-
lers in Frankreich: „Das ist eine Frage der Toleranz. Jeder
hat das Recht zu denken, was er will, und nicht auf der Basis
seiner religiösen Überzeugung beurteilt zu werden. Das bedeutet, unsere Unterschiede zur Seite zu legen und andere
Personen als das zu akzeptieren, was sie sind."[29]

*Verständigung im Nahbereich bei unterschiedlicher Reli-
gion:* In Estland werden persönliche Erfahrungen aus dem
Familienbereich herangezogen, um für die Möglichkeit eines guten Zusammenlebens von Partnern unterschiedlicher
Religion zu votieren.[30]

*Verbundenheit im Glauben trotz unterschiedlicher Reli-
gion:* Ähnlich führt eine Schülerin in Russland aus, dass es
eine Korrelation zwischen dem Glauben und der Persön-
lichkeit des Glaubenden gibt: „Ich bezweifle, dass es einen

---

[28] G. Dietz, J.R. Lorente, F. Ruiz Garcon, „Religion and Education in the
View of Spanish Youth: The Legacy of Mono-Confessionalism in Times of
Religious Pluralism", in: Knauth u. a. 2008, S. 39.

[29] C. Béraud, B. Massignon, S. Mathieu, „French Students, Religion and
School: The Ideal of Laicité at Stake with Religious Diversity", in: Knauth
u. a. 2008, S. 67.

[30] O. Schihalejev, „Meeting Diversity: Students' Perspectives in Estonia",
in: Knauth u. a. 2008, S. 265.

Konflikt zwischen Menschen unterschiedlichen Glaubens gibt, wenn ihr Glaube tief genug verwurzelt ist."[31]

Erfahrung der Akzeptanz trotz unterschiedlicher Religion: Eine muslimische Schülerin in St. Petersburg unterstreicht die Möglichkeit religiöser Toleranz anhand eigener Alltagserfahrungen: „Ich bin eine Muslimin, aber alle Klassenkameraden mit anderem Glaubenshintergrund behandeln mich sehr gut."[32] Die Frage der persönlichen Einstellung gewinnt in den Voten norwegischer Schülerinnen und Schüler an Gewicht: „Ja, ich glaube, dass Menschen mit unterschiedlichen Religionen zusammen leben können, wenn sie es intensiv genug wünschen und sich hinreichend lieben, und Menschen können lieben, wen sie wollen."[33]

Der Mensch ist wichtiger als seine Religion: Ähnlich wie in anderen Ländern wird von Schülerinnen und Schülern in Deutschland betont, dass es nicht nur von der Religion, sondern auch vom Charakter der Menschen abhängt, wie man zusammenlebt.

Religionen stehen für Frieden und Gleichheit: Und eine muslimische Schülerin in Hamburg geht von dem Gleichheitsgrundsatz für alle Menschen aus, der ein Zusammenleben ermöglichen sollte: „Ich denke, dass Menschen zusammenleben können, weil sie alle als Menschen gleich sind, egal ob sie dieselbe Religion haben oder nicht. Wer denkt, dass sie nicht zusammenleben können, hat eine falsche Auffassung über Religion, weil alle Religionen Frieden wollen."[34]

Religiöse Toleranz und Politik: Stark überzeugt von der

---

[31] Kozyrev 2008, S. 297.

[32] Ebd.

[33] M. von der Lippe, „To Believe or Not to Believe: Young People's Perceptions and Experiences of Religion and Religious Education in Norway", in: Knauth u. a. 2008, S. 162.

[34] T. Knauth, „„Better Together than Apart': Religion in School and Lifeworld of Students in Hamburg", in: Knauth u. a. 2008, S. 230.

Möglichkeit friedlichen Zusammenlebens zeigt sich eine Schülerin in England mit der folgenden Bemerkung: „Meine Schule ist multikulturell, und wir sind stolz darauf, weil das eine Gemeinschaft von so unterschiedlichen Menschen ist, die zusammenarbeitet."[35]

Religion und globale Ethik der Verständigung: Ganz umfassend ist schließlich die Ansicht eines englischen Mädchens, das schreibt: „Ja, sie können zusammenleben, weil wir letztendlich alle Menschen sind und auf die Erde gekommen sind, um zusammenzuleben."[36]

Einblick in die quantitativen Untersuchungen zur Frage von Heterogenität[37]

Die quantitative Studie, die – wie angegeben – wesentlich auf der qualitativen Untersuchung aufbaut, wurde im Zeitraum von Januar bis März 2008 durchgeführt und erreichte eine Fallzahl von mehr als 8000 befragten Jugendlichen. Dabei wurden keine (für das jeweilige Land oder bestimmte Landesteile) repräsentativen Stichproben gewählt, sondern aus pragmatischen Gründen *„purposive samples"*, also zielgerichtete Stichproben, anhand von Kriterien so gebildet, dass unterschiedliche soziale und religiöse Gruppen berücksichtigt und möglichst auch eine Gleichverteilung der Geschlechter erreicht wurde. Die Erhebungsgebiete wurden in den einzelnen Ländern unterschiedlich gewählt: In Russland

---

[35] Ipgrave/McKenna 2008, S. 131.

[36] Ebd., S. 132.

[37] Vgl. A. Körs, „Jugend und Religion in Europa. Einstellungen zu Religion in Lebenswelt, Schule und Gesellschaft im Vergleich acht europäischer Länder", in: D.-P. Jozsa, T. Knauth, W. Weiße (Hg.), *Religionsunterricht, Dialog und Konflikt. Analysen im Kontext Europas*, Münster/New York/München/Berlin 2009.

blieb die Stichprobe auf St. Petersburg und Umgebung begrenzt, in Spanien wurden die drei Regionen Andalusien, Murcia und Melilla einbezogen und in Großbritannien konzentrierte man sich auf England, während sich die Stichproben in den Ländern Estland, Frankreich, Niederlande, Norwegen und auch Deutschland auf weite Teile des jeweiligen Landes beziehen. Im Folgenden möchte ich einige allgemeine Tendenzen aufzeigen zur Frage, wie Jugendliche in Europa religiöser Heterogenität gegenüberstehen. Hierbei werde ich mich – ohne auf die erwartbaren vielfältigen Unterschiede zwischen den Ländern einzugehen – auf die Gemeinsamkeiten der europäischen Jugendlichen konzentrieren.

Ich werde vier ausgewählte Untersuchungsgegenstände betrachten, die den Jugendlichen zum Thema „religiöse Pluralität" zu ihrer persönlichen Einschätzung vorgelegt wurden. Die ersten beiden Items beinhalten eine deutliche Skepsis gegenüber der Vereinbarkeit von Religion und Gesellschaft. Das eine ermittelt eher die Einstellungen der Jugendlichen gegenüber religiösen Personen, sei es auf Grundlage eigener Erfahrungen oder auch Vorurteile, das andere zielt eher auf eine globale Einschätzung ab. Das erste Item lautet: „Religiöse Leute sind weniger tolerant gegenüber anderen." Die folgende Abbildung veranschaulicht die Zustimmungs- bzw. Ablehnungstendenzen auf Basis der Kategorien „stimme (sehr) zu", „stimme (gar) nicht zu" und „weder Zustimmung noch Ablehnung", differenziert nach Ländern.

Deutlich wird, dass der zustimmende Anteil in den beteiligten Ländern, mit Ausnahme der Niederlande, bei etwa einem Fünftel liegt, während der Anteil derjenigen, die diese Aussage ablehnen, bei mindestens einem knappen Drittel in Norwegen liegt und ansteigt auf einen Anteil von fast zwei Drittel in den Niederlanden. Die Jugendlichen sind insofern eher optimistisch und betrachten Religion und Toleranz als

Abbildung 1: Einstellungen Jugendlicher zur Aussage „Religiöse Leute sind weniger tolerant gegenüber anderen".

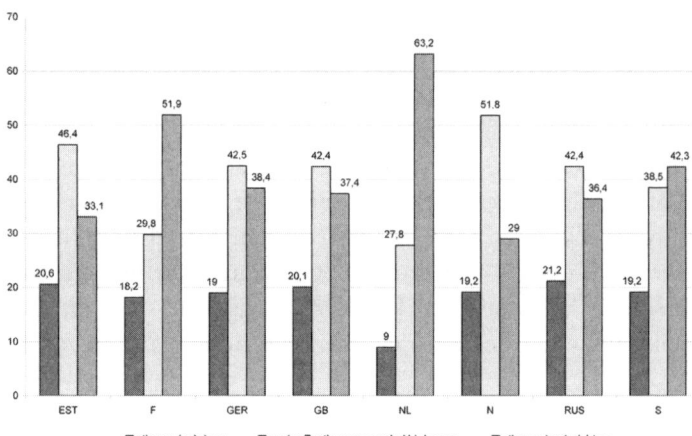

miteinander vereinbar statt widersprüchlich zueinander. Allerdings ist der Anteil der Jugendlichen, die mit „weder Zustimmung noch Ablehnung" antworten, relativ hoch, wenn in fünf von acht Ländern der jeweils größte Anteil der Jugendlichen unentschieden ist und die „weder-noch"-Haltung in den Daten am stärksten repräsentiert ist. Offensichtlich besteht eine relativ große Unsicherheit unter den Jugendlichen gerade im Hinblick auf ihre Meinungsbildung zum Thema „Religion und Toleranz", was weitere (qualitative und quantitative) Forschungsarbeiten in diesem Bereich auch in Zukunft erforderlich macht.[38]

Im Resultat ähnlich, dabei aber noch eindeutiger, schätzen die Jugendlichen das zweitgenannte Item ein, das ebenso eine skeptische Sicht beinhaltet, diesmal allerdings auf einer globalen Ebene. Das Item lautet: „Ohne Religion wäre die Welt ein besserer Ort".

---

[38] Vgl. Weiße 2009.

Abbildung 2: Einstellungen Jugendlicher zur Aussage
„Ohne Religion wäre die Welt ein besserer Ort".

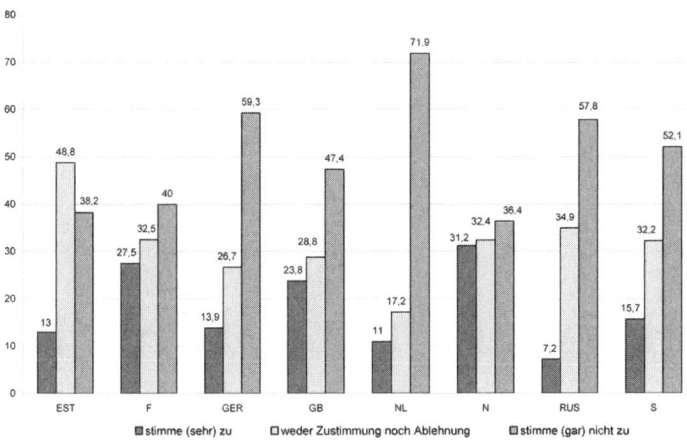

Im Ergebnis zeigt sich in fast allen Ländern ein ähnliches Antwortmuster: Die meisten Jugendlichen lehnen diese Aussage noch stärker ab als die erstgenannte, während ein vergleichsweise geringerer, jedoch immer noch relativ hoher Anteil der Jugendlichen sich nicht entscheiden kann und jeweils die Minderheit von 7 bis 31 Prozent der Aussage zustimmt. Die Vereinbarkeit von Religion und Moderne wird somit noch positiver eingeschätzt als von Religion und Toleranz, wie es oben gezeigt wurde.

Die folgenden zwei Items beziehen sich ebenso auf religiösen Pluralismus und beinhalten zwei gegenteilige Meinungen: Das positive Item beschreibt eine Einschätzung, nach der religiöser Pluralismus bei gegenseitigem Respekt eher unproblematisch gesehen und grundsätzlich befürwortet wird: „Es ist möglich, mit Unterschieden klar zu kommen, wenn wir die Religion von anderen Leuten respektieren." Eine gegenteilige Ansicht beinhaltet die am schärfsten formulierte Negativaussage: „Ich mag keine Leute, die eine

Abbildung 3: Einstellungen Jugendlicher zu religiöser Heterogenität.

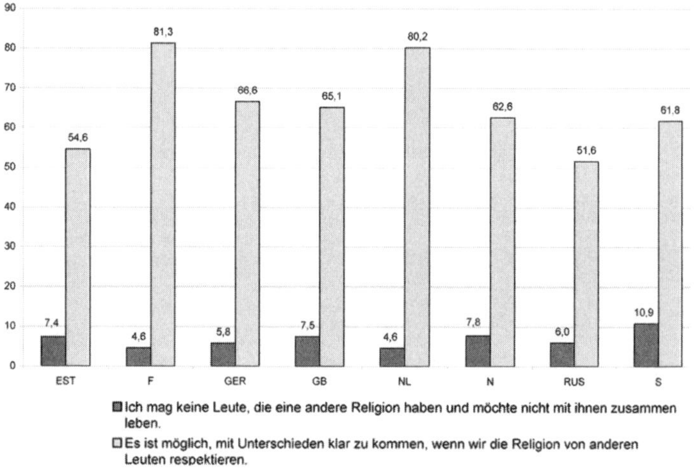

☐ Ich mag keine Leute, die eine andere Religion haben und möchte nicht mit ihnen zusammen leben.
☐ Es ist möglich, mit Unterschieden klar zu kommen, wenn wir die Religion von anderen Leuten respektieren.

andere Religion haben und möchte nicht mit ihnen zusammenleben."

Die Abbildung zeigt die jeweils zustimmenden Anteile der Jugendlichen und das Ergebnis ist recht eindeutig: Die Jugendlichen sind größtenteils nicht der Meinung, dass sie nicht mit Menschen anderer Religion zusammenleben möchten, sondern sind im Gegenteil mehrheitlich der Auffassung, dass man mit Unterschieden klarkommen kann, wenn man sich gegenseitig respektiert. Schließlich ist es bemerkenswert, dass alle der hier behandelten vier Items das gleiche Verteilungsmuster der Antworten im Hinblick auf die Unterschiede zwischen Muslimen, Christen und Jugendlichen ohne Religionszugehörigkeit zeigen. Ohne ins Detail zu gehen, ist allgemein festzustellen, dass die Muslime die stärkste Ablehnung bzw. beim letztgenannten Item die höchste Zustimmung zeigen, gefolgt von den Jugendlichen mit christlicher Religion, während die Jugendlichen ohne Religionszugehörigkeit vergleichsweise verhaltener votieren. Dabei sind die Unterschiede zwischen den Muslimen und Christen eher geringfügig, der Abstand dieser beiden Gruppen zu den Jugendlichen ohne Religion vergleichsweise größer. Die Grundhaltung gegenüber religiöser Pluralisierung und Toleranz bestimmt sich somit weniger durch die Zugehörigkeit zu der einen oder der anderen Religion, sondern eher durch die Tatsache der religiösen Zugehörigkeit oder Nicht-Zugehörigkeit. Allerdings gilt, dass die Jugendlichen ohne Religion in ihrer Haltung gegenüber religiöser Heterogenität zwar zurückhaltender sind, jedoch keine andere Grundausrichtung auszumachen ist: Muslime, Christen und Konfessionslose zeigen insgesamt zwar graduelle Unterschiede, jedoch keine völlig andersartigen Einstellungsmuster hinsichtlich ihrer positiven Einschätzung der Möglichkeiten zu einem friedlichen Zusammenleben in religiöser Heterogenität.

Ergebnisse der „mixed-method"-Studie

Wenn wir die Ergebnisse unserer Befragungen zusammenbinden, können wir zu den folgenden Schlussfolgerungen gelangen:

Religiöser Pluralismus wird nicht nur akzeptiert, sondern ausdrücklich begrüßt. Schülerinnen und Schüler äußern Kritik gegenüber Wahrheitsansprüchen, die Menschen mit anderen Religionen und Weltanschauungen ausschließen. Trotz des Bewusstseins, dass Konflikte ihre Ursachen in Religionen haben können und religiöse Pluralität auch mit Schwierigkeiten verbunden ist, teilen die Jugendlichen die Vorstellung, dass ein friedliches Zusammenleben von Menschen unterschiedlicher Religion in Europa möglich sei. Dies gilt unter der Bedingung, dass Respekt und Dialogfähigkeit eingeübt werde, dass man unterschiedliche Ansichten im religiösen Feld kennenlerne und aufeinander höre.[39]

Diese Strukturen des Denkens der von uns befragten Jugendlichen sind bemerkenswert. Sie spiegeln, dass es eine große Aufgeschlossenheit gibt, auf religiös-weltanschaulichen Pluralismus in Europa zuzugehen, ohne dabei mögliche Probleme auszuklammern. Darüber hinaus ist den Jugendlichen bewusst, dass eine der Voraussetzungen für ein friedliches Zusammenleben in europäischen Gesellschaften in der Einübung von dialogischen Kompetenzen besteht.

Gleichwohl sind die Konfliktpotenziale, die mit Religionen verbunden werden können, nicht zu unterschätzen. Der Religionssoziologe José Casanova hat diese Gefahrenseite von Religion unterstrichen, indem er darauf hinweist, wie groß nach seinen Erkenntnissen in Europa die Annahme sei, dass Religion intolerant sei und eine Ursache für Konflikte biete.[40] Nach unseren Untersuchungen ist dies zum Glück bei Jugendlichen kaum der Fall. Wir waren erfreut zu sehen, dass in unseren empirischen Untersuchungen die Mehrheit der Jugendlichen offen auf religiöse und kulturelle Pluralität zugeht und die Meinung vorherrscht, dass eine friedliche Koexistenz zwischen Menschen unterschiedlicher Religion und Kultur möglich sei. Könnte es sein, dass die unterschiedliche Bewertung auch mit einer Generationenzugehörigkeit zu tun hat? Die Untersuchungen, auf die sich Casanova bezieht, waren auf Erwachsene jeden Alters gerichtet. Unsere Untersuchungen zeigen die Meinungen von Jugendlichen. Wenn man berücksichtigt, dass diese Jugendlichen in Zukunft nicht automatisch bei einer solchen Haltung blei-

---

[39] G. Bertram-Troost, J. Ipgrave, D.-P. Jozsa, T. Knauth, „European Comparison: Dialogue and Conflict", in: Knauth u. a. 2008, S. 408.
[40] J. Casanova, „Die religiöse Lage in Europa", in: H. Joas, K. Wiegandt (Hg.), *Säkularisierung und die Weltreligionen*, Frankfurt a. M. 2007, S. 344 ff.

ben, dann gewinnt der Bildungsbereich nur noch stärker an Bedeutung, insbesondere hinsichtlich der Frage und Aufgabe, wie die erforderlichen Fähigkeiten und Kompetenzen für einen friedlichen und verantwortungsvollen Umgang mit Heterogenität erlernt und wenn möglich in Schule[41] und Hochschule[42] nachhaltig eingeübt werden können.

Ausblick in europäischer Perspektive

Das generelle Ergebnis unserer international-vergleichenden Studie im Rahmen des REDCo-Projektes zeigt: Religiöse und kulturelle Differenz wird von Jugendlichen in Europa ganz überwiegend positiv bewertet. Der Dialog und die wechselseitige Verständigung spielen für die Jugendlichen in allen Bereichen eine zentrale Rolle, um Heterogenität nicht als Gefahr zu sehen, sondern als Ressource zu nutzen.

Interreligiöser Dialog wird, so können wir im Rahmen europäischer und internationaler Entwicklungen und Stellungnahmen sagen, im Rahmen einer interkulturellen Verständigung immer wichtiger. So haben im Mai 2008 die Regierungen der 47 Mitgliedsstaaten des Europarats in einem „White Paper on Intercultural Dialogue"[43] die große Relevanz von interkulturellem und interreligiösem Dialog unterstrichen. Hier heißt es z. B.: „Interreligiöser Dialog kann auch zu einem stärkeren Konsens in einer Gesellschaft über die Lösung sozialer Probleme beitragen."[44]

---

[41] Vgl. Weiße 2008.
[42] Vgl. Weiße 2009.
[43] Vgl. Council of Europe 2008.
[44] Im englischen Original heißt es: „Interreligious dialogue can also contribute to a stronger consensus within society regarding the solutions to social problems." (Council of Europe, 2008, S. 23).

Die Jugendlichen in Europa scheinen für eine solche Zielsetzung insgesamt offen zu sein. Mit einer solchen Haltung könnten Unterschiede in Religion und Kultur ohne Angst und Diskriminierung wahrgenommen und einen Baustein zur wechselseitigen Verständigung darstellen. Voraussetzung hierfür ist, dass die von uns befragten Jugendlichen bei ihrer mehrheitlich feststellbaren Haltung der Toleranz bleiben. Hierfür ist eine Unterstützung in der Schule und ein entsprechendes Klima im Makrobereich der Politik erforderlich. Unter dieser Voraussetzung könnte die dargestellte Haltung von Jugendlichen in Europa eine Art Gegengewicht gegen die fundamentalistische Reduktion von Religion und gegen ein Feindbilddenken bilden. Dies ist ein Kernpunkt für die Bedeutung von Religion im Rahmen des interkulturellen Dialogs. Diese Ressource gilt es zu stärken und zu kultivieren, damit sie im Schulleben und womöglich auch über die Schulzeit hinaus eine Orientierung in der multireligiösen und multikulturellen Gesellschaft vermittelt.

III. Religion und Kultur in der nachsäkularen Moderne

Michael Göring

„Gottes Schweigen". Endzeitstimmung in der Lyrik des 20. Jahrhunderts.

Ein After-Dinner Talk

In der Literatur der Moderne wird der Prozess der Säkularisierung, und damit der Verlust der Religion oder gar der Verlust Gottes, in besonderer Weise sichtbar. Die Literatur – vor allem in der Form des komprimierten Gedichts – gibt uns allerdings einen ganz eigenen Zugang, eröffnet ästhetische Möglichkeiten, um analytische Überlegungen wie auch Gefühlsregungen zu artikulieren. Im Folgenden soll sich der Blick auf die Zeit vor, während und nach dem Ersten Weltkrieg richten.

Explizit diskutiert wird das Konzept der Säkularisierung seit der Mitte des 19. Jahrhunderts – mit George Jacob Holyoakes Begriffsprägung von 1851 als Auftakt.[1] Auch Friedrich Nietzsches Formulierung „Gott ist tot" von 1882 in „Die fröhliche Wissenschaft" entfaltete eine enorme Wirkung, besonders zur Zeit des Ersten Weltkrieges. Nietzsches Gedankenwelt erreichte nicht nur Schriftsteller und Philosophen, sondern auch Tausende von Männern, die die Schützengräben überlebt hatten, und Tausende von Frauen, die ihre Männer, Söhne, Brüder oder Freunde oder Väter verloren hatten.

Aber bevor der Verlust Gottes durch die Gräueltaten des Ersten Weltkriegs gewissermaßen populär wurde und in Briefe und Tagebücher einging, hatten sich die Dichter und

---

[1] G.J. Holyoake, *Origin and Nature of Secularism*, London 1896, S. 50.

Romanschriftsteller bereits mit dem Verschwinden Gottes auseinandergesetzt. Diese Auseinandersetzung wurde durch den Krieg erheblich intensiviert und zum wiederkehrenden Thema der Literatur der zwanziger Jahre des vergangenen Jahrhunderts. Rilke konnte 1899 noch schreiben:

„Ich lebe mein Leben in wachsenden Ringen,
die sich über die Dinge ziehn.
Ich werde den letzten vielleicht nicht vollbringen,
aber versuchen will ich ihn.
Ich kreise um Gott, um den uralten Turm,
und ich kreise jahrtausendelang;
und ich weiß noch nicht:
bin ich ein Falke, ein Sturm
oder ein großer Gesang."

Rilke veröffentlichte dieses Gedicht in seinem „Stunden-buch", das noch eine klare Referenz auf die klösterliche Welt und damit auf ein religiöses Lebensgefühl aufwies. Aber nur ein paar Jahre später änderte sich die Welt für deutsche Dichter, und der Expressionismus suchte eine ganz andere Sprache. Gottfried Benn schrieb 1912, gerade 26 Jahre alt, den Text „Mann und Frau gehen durch die Krebsbaracke":

„Der Mann:
Hier diese Reihe sind zerfallene Schöße
und diese Reihe ist zerfallene Brust
Bett stinkt bei Bett. Die Schwestern wechseln stündlich.
[...]
Komm, sieh auf diese Narbe an der Brust.
Fühlst du den Rosenkranz von weichen Knoten?
Fühl ruhig hin. Das Fleisch ist weich und schmerzt nicht."

Das Leben wird auf den Verfall und die Auflösung redu-
ziert, Schmerz hat hier keinen Platz. Es gibt kein Aufbegeh-
ren gegen die Krankheit, keine Hoffnung für das Leben,
sondern nur die Beschreibung des zunehmenden Verfalls:
Das Ende des Menschseins, der Menschheit, das Ende der
Welt wird hier metaphorisch mit Krankheits- und Verfalls-
symptomen beschrieben.

Im Gegensatz zu Benn schlägt Jakob van Hoddis, der
nur ein schmales Œuvre hinterließ, aber einer der einfluss-
reichsten deutschen expressionistischen Dichter war, in seinem berühmten Gedicht „Weltende" einen etwas leichteren
Ton an:

„Dem Bürger fliegt vom spitzen Kopf der Hut,
In allen Lüften hallt es wie Geschrei.
Dachdecker stürzen ab und gehn entzwei
Und an den Küsten – liest man – steigt die Flut."

Auffällig an diesem Gedicht[2] ist die Perspektive des kühlen
distanzierten Beobachters. Die Welt endet – und wir sind die
Zuschauer, ein Publikum, das das Ende der Welt in einem
Theaterstück sehen oder in einem Bericht lesen kann. Jedoch befreite den Dichter selbst diese kühle Distanz offensichtlich nicht von einer zehrenden inneren Anteilnahme:
Hoddis wurde im Laufe des Ersten Weltkriegs gemüts-
krank.

Der Österreicher Georg Trakl findet dagegen eindrucks-
volle Bilder für seine Betrachtung von Herbst, Abend,
Nacht, Finsternis, Einsamkeit, Zerfall, Tod, einer Welt
ohne Hoffnung, ohne Gott. Wenn Gott in seinen Gedichten

---

[2] Hoddis' „Weltende" wurde als erstes Gedicht in der berühmten, von
Kurt Pinthus herausgegebenen Anthologie „Menschheitsdämmerung",
Berlin 1919 veröffentlicht.

überhaupt anwesend ist, dann als „ein zürnender Gott",
oder er zeigt sich in einem verlassenen Gotteshaus (so in
Trakls Gedicht „Die Kirche" von 1910).

1914 war Georg Trakl Mitglied der österreichischen Armee und kämpfte in Galizien, in einem kleinen Ort mit dem
Namen Grodek. Dieses Dorf gab den Titel für sein vorletztes Gedicht, das er sechs Tage vor seinem Selbstmord am
3. November 1914 schrieb.

„Am Abend tönen die herbstlichen Wälder
Von tödlichen Waffen, die goldnen Ebenen
Und blauen Seen, darüber die Sonne
Düstrer hinrollt; umfängt die Nacht
Sterbende Krieger, die wilde Klage
Ihrer zerbrochenen Münder.
[…]
Alle Straßen münden in schwarze Verwesung"

In einem anderen Gedicht Trakls heißt es:

„Gottes Schweigen
trank ich aus dem Brunnen des Hains"

Werfen wir einen Blick nach Großbritannien, lassen dabei
ganz bewusst die Kriegsdichter wie Wilfred Owen, Siegfried
Sassoon, John Silkin außer Acht und gehen direkt zu T.S.
Eliots „Das wüste Land" (orig. „The Waste Land"). Obwohl voll von religiösen Anspielungen, Konnotationen und
trotz einer großen Vielfalt von biblischen Verweisungen ist
Gott aus dem wüsten Land verschwunden.

„Here is no water but only rock
Rock and no water and the sandy road
The road winding above among the mountains

Which are mountains of rock without water
If there were water we should stop and drink
Amongst the rock one cannot stop or think
Sweat is dry and feet are in the sand
If there were only water amongst the rock
Dead mountain mouth of carious teeth that cannot spit
Here one can neither stand nor lie nor sit
There is not even silence in the mountains
But dry sterile thunder without rain
There is not even solitude in the mountains
But red sullen faces sneer and snare
From doors of mudcracked houses"
(„What the Thunder said" II, 331–45)

„Das wüste Land" von 1922 ist ein Meisterwerk im technischen Aufbau. Der gekonnte Einsatz von Symbolik und
Bildern haben es für amerikanische und europäische Dichter außerordentlich einflussreich gemacht. Aber das „immense panorama of futility and anarchy", von dem er
spricht, ist eine Welt, in der Gott keinen Platz mehr hat.

Die düstere Aussicht auf die Zukunft, die Erfahrung der
Leere, die Erkenntnis, dass es keinen Sinn gibt für unser
Tun, das Erlebnis von Gewalt und Zerstörung während des
Ersten Weltkriegs und die beständige, bohrende Frage, warum die Menschheit überhaupt existiere, führten jedoch
nicht zu einem Verstummen der Dichter. Die Dichtung
schwieg nicht, sondern gerade die Lyrik zwischen 1910
und 1930 zeigte einen wahren Reichtum an Formen, Sprachen, Bildern und Anspielungen, der hier nur in sehr geraffter Form aufgezeigt werden kann.

Es scheint fast so, als ob die Dichter von damals eine
gottlose Welt nur dadurch erdulden konnten, indem sie die
höchsten ästhetischen Standards auf ihre eigenen Arbeiten
anwandten. Es scheint, als ob die außerordentliche Kreati

vität dieser Zeit in der poetischen Form und Sprache geradezu Ausdruck der Verlorenheit des Menschen war. Ein
deutscher Kritiker sagte in diesem Sinne einmal über die Gedichte von Trakl: „Nach dem Tod Gottes tritt das Gedicht
an die Stelle des Gebets; die Erlösung von den Dämonen,
von der Hölle im Herzen ist die Aufgabe des Dichters
selbst."[3]

Am Anfang dieses kleinen Exkurses stand ein Gedicht von
Gottfried Benn und mit einem seiner letzten Gedichte soll
er auch schließen. „Nur zwei Dinge" schrieb der Autor
1953, drei Jahre vor seinem Tod:

„Nur zwei Dinge:
Durch so viele Formen geschritten,
durch Ich und Wir und Du,

doch alles blieb erlitten
durch die ewige Frage: wozu?

Das ist eine Kinderfrage.
Dir wurde erst spät bewusst,
es gibt nur eines: ertrage
– ob Sinn, ob Sucht, ob Sage –
dein fernbestimmtes: Du musst.

Ob Rosen, ob Schnee, ob Meere,
was alles erblühte, verblich,
es gibt nur zwei Dinge: die Leere
und das gezeichnete Ich."

---

[3] G. Kleefeld, „Nachwort", in: G. Trakl, *Achtzig Gedichte*, Kornwestheim
1985, S. 130.

Dieses Gedicht gibt keinen Trost, aber hilft eine Welt anzunehmen, die sich von Gott verabschiedet hat. Die Welt ohne Gott lässt den Menschen als „das gezeichnete Ich" zurück.

Navid Kermani

Drei Bildansichten

Mehr als wir sehen – Carravagios „Die Kreuzigung des Petrus"[1]

Auf die Frage, warum er sich weigere, die Meisterwerke
Raffaels und der Antike auch nur zu studieren, soll Caravaggio in eine Menschenmenge gedeutet haben: Dort habe
ich Vielfalt genug. Unter seinen Gemälden ragten für mich
die Kreuzigungen, Verbrennungen, Ermordungen und Mar-
tyrien hervor, am höchsten die Opferung Isaaks, Judith und
Holofernes sowie die Kreuzigung Petri, die mich vielleicht
deshalb noch ein wenig mehr schockiert, weil ich sie nicht
aus einem Museum oder einem Nachdruck kenne, sondern
weil sie in einer Kirche hängt, in genau der Nische, für die
Caravaggio das Gemälde im Jahr 1600 geschaffen hat, ein
paar Meter entfernt vom Campo di Fiori, wo Anfang desselben Jahres Giordano Bruno verbrannt wurde und man zufällig auf sie stoßen kann, vor dem Gottesdienst oder nach
dem Shopping in der Fußgängerzone.

Wie plastisch das Bild ist, wie geradezu aggressiv es ins
Auge springt, lässt kein Bildband erahnen. Dort ist es
flach, in der Cerasi-Kapelle in Santa Maria del Popolo, verstärkt vielleicht auch dadurch, dass man es nur aus un-
terem, seitlichem Winkel betrachten kann, hingegen leben-
diger als das Leben selbst oder sagen wir You Tube.
Öffentliche Hinrichtungen von Lutheranern, Juden, Intellektuellen und anderen Häretikern waren unter Papst Cle-
mens VII. ein beinah wöchentliches Spektakel in Rom. Wie
oft wird Caravaggio in der Menge gestanden haben? Im In-

---

[1] Erstabdruck in: Neue Zürcher Zeitung, 23.8.2008.

ternet kann sich heutzutage jeder ein Bild machen, welches
Gesicht Menschen machen, wenn sie hingerichtet werden.
Welche Vielfalt.

Die Muskelfasern, die Falten, die die Kleidung der vier
Personen und rechts unten das grüne Tuch wirft, die Bart-
haare, Brustwarzen und Bauchritzen Petri, seine dreckigen
Fingernägel und die beinah schwarze Fußsohle, die der untere Scherge links unten dem Betrachter genau auf Kopf-
höhe hinhält, sein ausgeleuchteter Hintern, der dadurch
nicht schöner wird, die Maserung des Holzes, der Glanz
auf dem Nagel und der Schaufel – alle Welt rühmt heute
Caravaggios derben Realismus, an genau dem sich die früheren Kritiker gestoßen haben: Er wolle nur beweisen,
schimpfte Jacob Burckhardt, „dass es bei all den heiligen
Ereignissen der Urzeit eigentlich ganz ordinär zugegangen
sei". Das stimmt natürlich, denn es geht außerhalb von
Heilsgeschichten und Romanzen immer ordinär zu, und
zwar gerade wo entsteht, was heilig sein wird oder die Liebe. Bei der Kreuzigung Christi hat es schließlich auch keine
Filmmusik gegeben. Der Vorwurf verkehrt sich in sein Gegenteil, indem er bezeichnet, wie viel mehr Caravaggio
vom Heiligen begriffen hat als Jacob Burckhardt.

Aber was das Bild ausmacht, ist mehr als seine ergrei-
fende Natürlichkeit, und damit meine ich nicht einmal die
Symbolik, etwa die Anordnung der vier Personen zu einem
Kreuz, ihre Verschlungenheit wie zu einem einzigen Körper,
die Lichtsprache. Ich meine den Blick Petri. Er stirbt wie ein
Mensch: ratlos, einsam, überrascht. „Der Fels" heißt Petrus
übersetzt, er wurde gerettet, als er Jesus über das Wasser folgen wollte, und war bei dessen Verklärung dabei. Sich von
ihm die Füße waschen zu lassen, fühlte er sich nicht würdig,
und dem Diener eines Hohepriesters schlug er das Ohr ab,
als Jesus verhaftet wurde. Danach verleugnete er ihn drei-
mal und war dennoch der erste Mann, der ihn auferstehen

Caravaggio (1573–1610): Die Kreuzigung des Petrus, um 1601
© picture-alliance/akg-images/Priozzi

sah. „Stärke deine Brüder", hieß der Auftrag, den Jesus ihm
mitgab, und „weide meine Lämmer". Er hielt die Predigt
am ersten Pfingsttag, bekehrte mit dem Hauptmann Corne-
lius den ersten Nichtjuden, wurde in den Kerker geworfen

und wieder freigelassen. Er heilte vor der Tempelpforte einen Lahmen und in Lod einen Gichtbrüchigen. Andere Kranke genasen allein durch seinen Schatten. In Jaffa erweckte er Tabitha vom Tod. – Nach der Enthauptung von Jakobus dem Älteren wurde er erneut in den Kerker geworfen, ein Engel erschien, die Ketten fielen, Petrus ging ungehindert von Wächtern ins Freie und musste am Haus der Maria, der Mutter des Johannes Markus, zweimal klopfen, weil die Magd zwar seine Stimme erkannte, aber ihren Ohren nicht traute. Er führte die Gemeinden in Jerusalem und begründete die Mission. Er soll, hier hört die Bibel auf und beginnt die Legende, bei Mariä Himmelfahrt anwesend gewesen sein und mit Paulus ihre Bahre getragen haben. Er soll, wieder seine Wunderkräfte, die Hände des Hohepriesters geheilt haben, die gelähmt an der Bahre hingen, weil er versucht hatte, das Begräbnis zu verhindern. Nach katholischer Lehre reiste er später nach Rom und bekehrte die Menschen vom Minerva-Kult zu Christus. Das war kein gewöhnlicher Mann, der unter Nero zum dritten und letzten Mal in den Kerker kam, das war selbst in den Relationen der Apostelkataloge, die ihn sämtlich an erster Stelle aufführen, ein Mensch, wie er übermenschlicher nur ein Messias sein kann, seine Beharrlichkeit, sein Glaube, seine Überzeugungskraft.

Noch in der letzten Entscheidung bewies er unerhörte Demut, indem er aus Ehrfurcht bat, nicht wie Jesus gekreuzigt zu werden, sondern mit dem Kopf nach unten. Und doch starb er, selbst er, einen gemeinen Tod. Bei Caravaggio weint Petrus nicht, er klagt nicht oder winselt gar um Gnade, aber auch auf You Tube wahren Menschen, die unterm Galgen oder vor Gewehrläufen stehen, die Haltung. Selbst Saddam Hussein hat die Haltung bewahrt, wie niemand es ihm zugetraut hätte. Man kann auch kein Anzeichen erkennen, dass Petrus an Gottes Barmherzigkeit zweifeln würde.

Was geschieht, muss geschehen, daran scheint er nicht zu rütteln. Und doch hat er Angst. Das zeigt er nicht den Schergen, aber in seinem Gesicht zeichnet sich das Entsetzen ab, der offene Mund. Er bereut bestimmt nicht sein Leben, aber vielleicht bereut er ein wenig seinen Mut, sich mit dem Kopf nach unten kreuzigen zu lassen, die Schmerzen müssen ihn jetzt schon zerreißen, ihm schwindelt, wie an den Augen zu erkennen ist, und gleich schießt ihm auch noch alles Blut in den Kopf. Wahrscheinlich wird er sich übergeben müssen, Herr Burckhardt.

Er ist überrascht, das ist vielleicht der stärkste Eindruck, er kann es nicht fassen, jetzt sterben zu müssen, so sterben zu müssen, deshalb wohl hebt er noch den Kopf, um sich zu versichern, dass es tatsächlich ein Nagel ist, der seine Hand durchbohrt. Es ist zugleich ein letztes, instinktives und sinnloses Zucken, um der Schwerkraft zu entgehen. Petrus, der Fels, ist ein Mensch. Diese Wahrheit offenbar werden zu lassen, die in der Bibel doch sogar über Jesus Christus steht, gelingt keinem Naturalismus, keiner Fotografie und nicht einmal dem Auge. Es ist mehr, als was wir sehen.

Gott hat sie getroffen – eine anonyme Marien-Ikone in Rom[2]

Der katholische Freund schließt nicht aus, dass der Evangelist Lukas persönlich das Bild gemalt habe, ein Augenzeuge also. Er hat Artikel darüber geschrieben, wie er es aufgestöbert hatte. Im Labor ist das Holz noch nicht untersucht worden. Die Nonnen hätten Sorge, weil es bereits so morsch sei. Kunsthistoriker hätten das Bild allerdings für eindeutig spätantik befunden, erstes Jahrhundert sei wahrscheinlich. Die Jungfrau hat auch mich angeschaut, ohne Alter. Der Freund führte uns zu dem Kloster, das in einer gewöhnlichen Wohnstraße auf dem Monte Mario liegt, am anderen Ufer des Tibers neben dem Hilton, ließ sich durch eine Sprechklappe den Schlüssel aushändigen, während ich im Auto wartete.

Bevor er uns in die Kapelle führte, wo die Nonnen das Bild für uns bereits umgedreht hatten, pinkelte er noch ins Gebüsch neben dem Eisentor in der verwitterten Seitenmauer. Gewöhnlich schaut die Jungfrau in den Gebetsraum der Nonnen, die sich lebenslang eingesperrt haben. Durch das vergitterte Fenster, in dem das Bild hängt, sahen wir einige von ihnen und hörten alle in fahlem Licht beten, bis übers Kinn verschleiert, weißes, gestärktes Gewand, schwarze Hauben. Fünf der dreizehn Schwestern sind über achtzig. Die in dem Ausschnitt der Gebetsbank saßen, den ich durch das Fenster erblickte, waren nicht jünger. Auf den kahlen Wänden ihrer Barockkirche bilden sich Wasserflecken ab. Der Freund sagt, dass die Leitungen verrotten, die Telefone nicht funktionieren und an Reparatur nicht zu denken ist, bevor das Kloster seine Schulden begleicht. Die Bitte um Spenden ist der Teil ihres Gebets, dessen Erfüllung noch aussteht. Nach einigen Minuten löschten sie das Licht aus, so

---

[2] Erstabdruck in: Neue Zürcher Zeitung, 9.5.2009.

Advocata nostra
© Paul Badde, Rom

dass wir nur noch ihre Stimme hörten, ein Vers tief, ein Vers
hoch, Singsang mit Pausen, ohne dass ich ein Wort verstand.

Seinem Buch, dessen Umschlagtext urkomisch wird,
wenn der Autor ihn nach dem Geständnis, ihn selbst verfasst zu haben, prustend vorträgt, hat der Freund ein Zitat
von Joseph Ratzinger vorangestellt, das nichts Neues sagt,
doch immer wieder neu zu sagen ist: „Große Worte werden
durch die Wiederholung nicht langweilig. Nur das Belang-
lose braucht die Abwechslung und muss schnell durch anderes ersetzt werden. Das Große wird größer, indem wir es
wiederholen, und wir selbst werden reicher dabei und werden still und werden frei." In Rom wurde ich ohnehin neidisch auf das Christentum, neidisch selbst auf einen Papst,
der auch solche Sätze sagt, und wenn ich den Gedanken
der Inkarnation in nur einem einzigen Menschen nicht für

grundverkehrt hielte und speziell die katholische Vorstellungswelt mir nicht so heidnisch vorkäme, mich die Ordnung nicht abstieße, die alle und eben auch die menschlichen Verhältnisse hierarchisiert, die Demonstration von Macht in jeder katholischen Kirche, dazu die Leidensvergötterung, womöglich hätte ich mich spätestens in Rom seinen Praktiken nach und nach angeschlossen, hätte die lateinische Messe besucht und wäre mit Pausen in den Singsang eingefallen, wenngleich anfangs mehr aus ästhetischen Gründen, vielleicht auch aus Faszination für die beispiellose Kontinuität einer Institution, die aus Gottes Angehörigen eine Gemeinschaft bildet.

Wer weiß, vielleicht wäre auch mir eines Tages das Wunder erschienen, das dieses prächtigste aller sakralen Weltgebäude hervorgebracht hat. So halte ich die Möglichkeit zwar weiterhin für falsch – aber erkenne, warum es eine Möglichkeit ist. Als sei die Dunkelheit nicht Klausur genug, klappten unsichtbare Hände von innen die Fensterläden zu, so dass wir nur noch das Bild sahen, nicht mehr in den Raum dahinter. Erhalten geblieben ist nur das Gesicht in den erstaunlichsten Farben, der Ansatz ihres Schleiers, zwei vergoldete Hände, die zu einem Weg weisen, aber auch Abwehr signalisieren könnten, sowie das Kreuz in der Höhe ihres Herzens, sonst nichts als ihr Umriss. Weil sich meine beiden Begleiter zu einem Rosenkranz zurückzogen, hatte ich Zeit mit der Jungfrau. Wieso nenne ich sie überhaupt Jungfrau, wenn ich nicht daran glaube? Ein Wort: Getroffensein. Gott hat sie getroffen. Das ist Gnade und Qual, das verleiht Flügel und schmettert nieder, das streichelt und ist ein Hammerschlag. Die großen braunen Augen schauten mich an, als hätte der viel kleinere Mund anfangs noch wie Halladsch gerufen, rettet mich, Leute, rettet mich vor Gott. Das hat sie auch, Hilfe gerufen, anfangs, als sie es erfuhr, ich bin mir sicher.

Frohe Botschaft! röhrten die Könige und brachten Ge-
schenke, aber ich bin mir sicher, dass sie alles war, nur nicht
froh. Sie trug es, ertrug es, wie die Heiligen es tragen, das
macht sie schließlich dazu, nicht die Auszeichnung, sondern
sie aushalten zu können. Als Staatsfeindin machte sie sich
auf die Flucht, übernachtete in Scheunen, in Kellern und
zur Not in der Wildnis, die vor zweitausend Jahren noch
eine war, immer das Kind bei sich, immer die Sorge. Später
war sie dabei, wie man ihn ins Gesicht schlug, mit der Peit-
sche durch die spuckende Menge trieb, sah ihn das Kreuz
tragen, auf das man ihn mit Nägeln befestigte, sah es mit
ihm aufgerichtet werden und die Leute johlen. Vielleicht
hat er nicht nur Gott gefragt, warum Er ihn verlassen habe.
Bestimmt hat er aus der Höhe, in der ihn die Menschen aus-
gestellt haben, auch die Mutter angeschaut. Zeigt das Bild
sie davor oder danach?
    Bestimmt gibt es in der Ikonenmalerei ein Gesetz, das
meine Frage beantwortet. Der Freund schreibt, als sei es
selbstverständlich, dass dieser Blick gesehen hatte, wie ihr
Sohn in Armeslänge neben ihr zu Tode gemartert wurde.
Andererseits scheint die Jungfrau nicht in dem Alter, in
dem sie bereits um einen ausgewachsenen Sohn trauern
könnte. Mit dem dünnen, wie durchgedrückten Nasenbein
und den großen, beinah runden Wangen ist sie übrigens
sehr schön, nicht wie eine römische Hure wie bei Caravaggio oder eine französische Gräfin wie bei Raffael, sondern
eindeutig orientalisch. Nein, sie ist noch jung und hat doch
schon erfahren, was es bedeutet, von Gott aus- und heim-
gesucht worden zu sein, glaubt zumindest, es erfahren zu
haben, kennt schon den Schmerz und ahnt, mehr noch:
weiß, dass er sich ins Unermessliche steigern wird. Nur
das Unermessliche selbst, das kennt sie noch nicht. Würde
man es zeigen, wäre es keine Ikone mehr. Die Leute liefen
weg vor Angst.

Wenn es eins ist, wäre das Wunder der katholischen Kirche, dass sie es nicht tun, dass sie nicht wegrennen. Aus mir unerklärlichen Gründen zelebrieren sie gerade das Abstoßendste, das zugegeben das Wahrhaftigste sein mag, aus Sadismus, wenn man es böse deuten würde, oder Wirklichkeitssinn, was es hoffentlich ist. Nur Maria halten sich die Katholiken rein, und das begreife ich so gut. Sie malen sich schöne Marienbilder, um sich zu trösten, weil es ohne Trost nicht geht. Jungfräulichkeit bedeutet für mich nichts anderes: rein – und damit, immanent gesprochen: gereinigt – von der Erfahrung.

Warum hast du uns verlassen? Guido Renis „Kreuzigung"[3]

Aus Versehen stieg ich genau vor der Kirche San Lorenzo in Lucina aus dem Bus, der mir zum ersten Mal in Rom nicht vor der Nase abgefahren war, so glücklich hatte der Tag bereits begonnen. Wie ich mich auf der Karte orientierte, empfahl mir der Kunstreiseführer einen Blick auf die „Kreuzigung" von Guido Reni, die eines seiner Meisterwerke sei. Ich konnte mich an kein anderes Meisterwerk Renis erinnern, assoziierte nur Andachtskarten, Amen, Antipode Caravaggios, aber dankbarer sollte ich dem Kunstreiseführer selten sein.

Als Nachdruck hat das Gemälde immer noch etwas von einem Andachtsbild, wie es die Zigeuner vor den Kirchen für fünfzig Cent verkaufen, als gewaltige Leinwand auf dem Hochaltar der Barockkirche, wo es schwarz-goldene Säulen, ein Plüschvorhang, dicke Engel und elektrische Kerzen umrahmen, ist Renis „Kreuzigung" ein Aufruhr, gerade indem es der Verklärung des Schmerzes widerspricht. Gewiss stößt mir die Lust, die katholische Darstellungen seit der Renaissance an Jesu Leiden haben, auch deshalb so auf, weil ich es von der Schia kenne und nicht kenne. Ich kenne es, weil das Martyrium dort genauso exzessiv bis hin zum Pornografischen zelebriert wird, und ich kenne es nicht, weil genau dieser Aspekt der Schia in Großvaters Glauben, der mehr als jeder andere Bezugspunkt meine eigene religiöse Erziehung bestimmt hat, wie ich bei der Lektüre seiner Memoiren feststelle, keine Rolle spielte, ja als Volks- und Aberglauben abgelehnt wurde, der die Menschen davon abbringe, die Welt zu verbessern, statt nur ihren Zustand zu beklagen.

Kreuzen gegenüber bin ich prinzipiell negativ einge-

---

[3] Erstabdruck in: Neue Zürcher Zeitung, 14.3.2009.

stellt. Nicht, dass ich die Menschen, die zum Kreuz beten, weniger respektiere als andere betende Menschen. Es ist kein Vorwurf. Es ist eine Absage. Gerade weil ich ernst nehme, was es darstellt, lehne ich das Kreuz rundherum ab. Nebenbei finde ich die Hypostasierung des Schmerzes barbarisch, körperfeindlich, ein Undank gegenüber der Schöpfung, über die wir uns freuen, die wir genießen sollen, auf dass wir den Schöpfer erkennen. Ich kann im Herzen verstehen, warum Judentum und Islam die Kreuzigung ablehnen. Sie tun es ja höflich, viel zu höflich, wie mir manchmal erscheint, wenn ich Christen die Trinität erklären höre und die Wiederauferstehung und dass Jesus für unsere Sünden gestorben sei. Der Koran sagt, dass ein anderer gekreuzigt worden sei. Jesus sei entkommen. Für mich formuliere ich die Ablehnung der Kreuzestheologie drastischer: Gotteslästerung und Idolatrie. Meine Tochter früher in der Kirche zu wissen, wo sie als Grundschülerin gelegentlich die Fürbitte las, weil sie so gut lesen konnte und so eitel war, auf jeder Bühne stehen zu wollen, selbst wenn sie dafür eine Stunde früher aufstehen musste, meine Tochter unterm Kreuz zu wissen, war unangenehm. Natürlich sagte ich nichts, schließlich ist man liberal. Eingegriffen habe ich nur bei der Messe zur Einschulung, als die Kinder Hostien essen sollten, gleich welchen Glaubens. Da wünschte ich mir, die Kirche sei weniger liberal.

Wenn solche Vorgänge für mich nur Kindereien wären, hätte sie sich auch bekreuzigen können. Für mich aber ist das Kreuz ein Symbol, das ich theologisch nicht akzeptieren kann, akzeptieren für mich, meine ich, für die Erziehung meiner Kinder. Andere mögen glauben, was immer sie wollen; ich weiß es ja nicht besser. Ich jedoch, wenn ich in der Kirche bete, was ich tue, gebe acht, niemals zum Kreuz zu beten. Und nun saß ich vor dem Altarbild Guido Renis in der Kirche San Lorenzo in Lucina und fand den Anblick so

Guido Reni (1575–1642): Christus am Kreuz, um 1639/42
© akg-images/Elekta

berückend, so voller Segen, dass ich am liebsten nicht mehr
aufgestanden wäre. Erstmals dachte ich: Ich – nicht nur:
man –, ich könnte an ein Kreuz glauben.

Reni verklärt nicht den Schmerz, den er nicht zeigt. Ihm
gelingt, was andere Jesusdarstellungen behaupten: Er führt
das Leiden aus dem Körperlichen ins Metaphysische über.
Sein Jesus hat keine Wunden, keine Abzeichen der Striemen
und Hiebe, ist schlank, aber nicht abgemagert. Selbst wo
seine Hände und Füsse ans Kreuz genagelt sind, fließt kein
Blut. Wären die Nägel nicht, es sähe aus, als breite er die
Hände zum Gebet aus. Er blickt in den Himmel, die Iris
aus dem Weiß des Auges beinah verschwunden: Schau her,
scheint er zu rufen. Nicht nur: Schau auf mich, sondern:
Schau auf die Erde, schau auf uns. Jesus leidet nicht, wie es
die christliche Ideologie will, um Gott zu entlasten, Jesus
klagt an: Nicht, warum hast du mich, nein, warum hast du
uns verlassen?

Die Landschaft ist christianisiert, so dass nicht die Menschen geschieden sind in Tätervolk und Opfervolk wie im
Neuen Testament, sondern Himmel und Erde, Gott und
die Menschen. Der Totenkopf am Kreuz deutet darauf
hin, dass hier schon andere gestorben sind; die zeitgenös-
sisch gekleideten Spaziergänger in verdüsterter italienischer Landschaft geben zu verstehen, dass auch jetzt gestorben wird; die Häuser im Hintergrund mit der Kuppel,
die der Petersdom sein könnte, weisen auf die Stadt, aus
welcher der Gekreuzigte zu stammen scheint. Dieser Jesus
ist nicht Sohn Gottes und nicht einmal sein Gesandter. Gerade weil sein Schmerz kein körperlicher ist, nicht Folge
denkbar schlimmster, also ungewöhnlicher, unmensch-
licher Folterungen, stirbt dieser Jesus stellvertretend für
die Menschen, für alle Menschen, ist er jeder Tote, jederzeit, an jedem Ort. Sein Blick ist der letzte vor der Wiederauferstehung, auf die er nicht zu hoffen scheint.

Friedrich Wilhelm Graf, Navid Kermani

Religiöse und ästhetische Kommunikation.
Ein Dialog

(Podiumsdiskussion, moderiert von Alf Mentzer)

A. Mentzer: Im Folgenden fragen wir nach dem Erkenntnis-
gewinn einer ästhetischen Einstellung zu Religion und zu
theologischen Problemen und werden das anhand von
Texten Navid Kermanis diskutieren. Darunter befindet
sich auch ein Text, an dem deutsche Kirchenvertreter
nachhaltig Anstoß genommen haben, wodurch die Hessi-
sche Kulturpreis-Debatte 2009 hin und wieder immer einmal aufscheinen wird, jedoch als eine Art Negativbeispiel.
Das, was der englische Romantiker Samuel Taylor Coler-
idge als „willing suspension of disbelief" bezeichnet hat,
ist in unserem Fall eine äußerst glückliche Formulierung,
denn die wohlwollende Suspendierung seines Unglaubens
bezeichnet für mich genau die Haltung, die Navid Kermani jenen Werken christlicher Kunst entgegenbringt, die
er in den zurückliegenden anderthalb Jahren für die „Neue
Zürcher Zeitung" beschrieben hat.

Die Frage ist, was in so einem Modus über Glaubensinhalte einer Religion, die nicht die eigene ist, gesehen
und gesagt werden kann. Es wäre also die These zu untersuchen, ob ein ungläubiger, sich aber wohlwollend auf eine
andere religiöse Symbolwelt einlassender Beobachter vielleicht sogar mehr sieht als der fromme Betrachter, der so
sehr in diese Symbolsysteme verstrickt ist, dass er nur
schwerlich bereit ist, eine neue oder zumindest eine neugie-
rige Haltung einzunehmen. Die These wäre weiterhin, dass

gerade die ästhetische Einstellung in der Lage ist, die inneren Widersprüche und Spannungen eines religiösen Deutungssystems sichtbar werden zu lassen, die im blinden Fleck dieses frommen Betrachters liegen. Ob dadurch Kunst und Literatur einen Dialog zwischen Gläubigen und Ungläubigen ermöglichen können, würde ich erstmal dahin gestellt lassen, in Hessen hat es zugegebenermaßen nicht so richtig funktioniert. Zunächst wird aber Friedrich Wilhelm Graf einige Anmerkungen zu Navid Kermanis Art, über religiöse Gehalte zu sprechen, zu schreiben und zu denken, beisteuern.

F. W. Graf: Lassen Sie mich einige Bemerkungen zu den Texten machen im Kontext einer Religionsgeschichte der Moderne. Mein erstes Stichwort hierbei heißt „Sehepunkte": Religion, das ist ein kompliziertes, voraussetzungsreiches Thema, sehr schwierig zu greifen in seinen epistemologischen, psychologischen, sozialtheoretischen und auch theologischen Zusammenhängen. Aber es ist zugleich ein Thema, das nicht den akademischen Experten allein gehört, die sich in diesen Fragen oftmals auch nicht sehr klar ausdrücken, sondern bei dem jeder mitreden darf und viele versucht sind zu glauben, sie könnten das in kompetenter Weise tun. Jedoch ist es um die religiöse Bildung im Lande nicht besonders gut bestellt, was auch damit zu tun hat, dass das Christentum ein extrem spannungsreiches, in sich widersprüchliches System repräsentiert, das zu erläutern selbst vielen akademisch trainierten Theologen inzwischen schwerfällt.

Was immer wir über Religion sagen – und das ist sehr wichtig: Es gibt hier keinen neutralen Ort des Denkens oder Sehens. Es gibt, um das an einem Beispiel deutlich zu machen, keinen neutralen Ort des Redens über Sprache, weil man ja immer schon in einer bestimmten Sprache über Sprache überhaupt redet und nachdenkt. Und analog gilt: Jeder von uns ist immer schon durch eine bestimmte Religion oder eine bestimmte religionskulturelle Konstellation oder dann auch durch eine bestimmte Nicht-Religion geprägt. Um es nochmal zu wiederholen: Es gibt keinen allgemeinen neutralen Ort, sondern nur partikulare Sehepunkte.

Mein zweiter Punkt heißt „religiöse Subjektivität". Religion in der Moderne, das ist ein sehr anspruchsvolles, komplexes, kompliziertes Thema, darüber haben wir inzwischen ganze Bibliotheken zusammengeschrieben und viel akademischen Streit produziert. Aber es zeigt sich eine Tendenz, dass Religion in der Moderne mit Individualitätskultur, mit Subjektivierung, mit Individualisierung zu tun hat. Lassen Sie mich diesen Punkt an dem tiefgreifenden, sprachlichen Wandel, den wir in allen christlichen Religionskulturen seit dem 18. Jahrhundert beobachten können, deutlich machen. Schauen wir hierbei auf einige der neuen Wörter des 20. Jahrhunderts: „Undogmatisches Christentum", erstmals 1923 nachgewiesen, „Herzensglaube", „Weltfrömmigkeit", „Vernunftreligion" oder das bereits von Schleiermacher als stehenden Begriff geprägte „Gefühl schlechthinniger Abhängigkeit". Das sind alles Begriffe, die für eine Erfahrungsreligiosität, für eine Form von individueller Frömmigkeit jenseits kirchlich organisierter oder theologisch gedeuteter Religion stehen.

Moderne Religion ist entscheidend subjektiviert. Sie lebt, auch in den katholischen Lebenswelten, von einer Unmittelbarkeit des Einzelnen zu Gott, und deshalb finden wir seit dem späten 18. Jahrhundert, vor allen Dingen seit den Romantikern, immer wieder spannende Debatten über Religion und Ästhetik. Vielfach handelt es sich dabei um Versuche, einen ästhetischen Zugang zum Religiösen zu erschließen. Ein Stück weit wird Kunst darin selbst zu einer Religion.

Damit komme ich zum dritten Punkt. Einstmals, so kann man bisweilen lesen, sei Religion von dafür besonders berufenen Menschen kommuniziert worden. In der Moderne seit 1800 erleben wir nun viele neue Akteure, die religiöse Inhalte deuten und öffentlich transportieren. Schriftsteller schreiben über Religion, Künstler malen religiöse Bilder aus spontanem Antrieb, Literaten oder Journalisten beschäftigen sich mit Religion in je eigener Weise, unabhängig von religiösen Institutionen. Und so entsteht eine interessante neue Sozialfigur, die sich auf ganz eigene Weise die Symbolwelten der Religion zu erschließen versucht und die ich den „Religionsintellektuellen" nenne. Religiöse Symbolwelten sind etwas sehr Fragiles. Sie leben davon, dass sie tradiert werden, und Traditionsbildung heißt immer: aneignen, ernst nehmen, umdeuten, interpretieren, fortschreiben und so weiter. In diesem Feld arbeitet der Religionsintellektuelle.

Ich möchte nun keineswegs die Originalität Navid Kermanis bestreiten, aber es gehört zu einer fairen Diskussionskultur zu betonen, dass er nur das fortsetzt, was seit 200 Jahren viele andere Intellektuelle auch versucht und getan haben, nämlich eine individuelle Sicht auf religiöse Symbolwelten, auf religiöse Themen zu entwickeln und zu transportieren. Wir können das an großen, deutschen Beispielen des 20. Jahrhunderts deutlich machen, etwa anhand von Thomas Mann und seinem Joseph-Roman. Das Spannende ist im Falle Kermanis aber, dass dies hier jemand tut, der nicht in dieser Symbolwelt groß geworden ist, sondern mit ihr konfrontiert wird, obwohl er einen anderen religiösen Hintergrund hat.

Damit komme ich zu meinem vierten und letzten Punkt. Religionsgeschichten sind gerade in der Moderne durch Hybridisierungsprozesse geprägt. Mir ist bewusst, dass das ein schlechter analytischer Begriff ist. Dennoch sind die Grenzen zwischen religiösen Deutungskulturen nicht hermetisch und fest, sondern durch hohe Durchlässigkeit gekennzeichnet. Lassen Sie mich das anhand eines Beispiels deutlich machen: Vor einiger Zeit konnten Sie im „L'Osservatore Romano", einem dem Vatikan nahestehenden Presseorgan, den Artikel zweier italienischer Wirtschaftswissenschaftlerinnen lesen, in dem die aktuelle Finanzkrise analysiert wurde. Diese empfahlen dem Westen, sich an schariakonformen Finanzprodukten zu orientieren. Der eine religiöse Akteur klaut also beim anderen bestimmte Ideen. Es gibt in der Tat viele Beispiele für diesen theologischen Ideenraub in der Religionsgeschichte der Moderne. Man lernt voneinander, man studiert die Konkurrenten. Sie können das umgekehrt auch im muslimischen Kontext beobachten. Denken Sie z. B. an den spannenden theologischen Diskurs, in dem von der Jungfräulichkeit des Korans geredet wird. Ein Interpretationselement der römisch-katholischen Mariologie wird nun plötzlich in ein islamisches Gelehrtengespräch transportiert. Phänomene dieser Art sind häufig, historisch und aktuell.

Genau dies ist der systemische Ort, an dem man Navid Kermanis Texte verorten muss. Er treibt auf seine Weise solche Hybridisierungsprozesse voran, indem er sich als jemand, der in einer bestimmten muslimischen Lebenswelt sozialisiert, aber immer auch mit der Mehrheitsreligion konfrontiert worden ist, nun seine eigene Interpretation der Symbolsysteme dieser Mehrheitsreligion macht. Es gelingt nur wenigen Menschen, die christlichen Symbolsysteme und Bildwelten in ihrer Komplexität zu erschließen, und man kann bisweilen eine wirklich erschreckende Ignoranz gegenüber klassisch-religiösen Bildungsinhalten unserer Tradition wahrnehmen. Das sage ich jetzt nicht in kulturkritischer oder kulturpessimistischer Absicht, aber es ist so: Selbst zentrale biblische Gestalten sind vielfach nicht mehr

präsent, und das führt dann dazu, dass klassisch-literarische
Texte nicht verstanden werden, weil das ganze Spiel der In-
tertextualität an manchen Lesern vorbeigeht. Und in einer
solchen Situation gibt es einen jungen Intellektuellen, der
versucht, sich selbst diese Symbolsysteme zu erschließen –
und was passiert? Die Hüter der offiziellen Kirchenreligion
reagieren darauf mit erheblichem Unverständnis! Das Erschreckende an all dem ist nicht, dass da irgendetwas dogmatisch richtig oder falsch verstanden wurde, sondern dass
offenkundig schon der Versuch, sich auf individuelle Weise
komplexe Symbolsysteme zu erschließen, bei den Hütern of-
fizieller Religionen zu erheblicher Irritation führt.

A. Mentzer: Wie sind Sie überhaupt an diese Bildbeschreibun-
gen herangegangen, Navid Kermani? Sie fanden sich mit
Gemälden konfrontiert. Was für Wahrnehmungsprozesse
hat das bei Ihnen ausgelöst? Mussten Sie ein bestimmtes
Wissen, welches Sie ja zweifelsohne über den christlichen
Überbau dieser Gemälde besitzen, irgendwie ausblenden
oder zurückstellen, um sich nur der reinen Wahrnehmung
der Bilder auszusetzen?

Navid Kermani: Nein, die letzte Frage kann ich eindeutig ver-
neinen. Da ist nichts naiv gewesen und wird nichts in meinem Verstand ausgeblendet. Das mag im Text, im literari-
schen Werk vielleicht so erscheinen, aber das sind eben
Situationen, in denen ich hinterher die Leitern, die ich gebraucht habe, um dahin zu kommen, wieder beiseitestelle.
Es war nicht so, dass ich in der Kirche saß mit den Bü-
chern in der Hand. Natürlich kam ich aber auch nicht als
Unwissender nach Rom, sondern ich hatte bestimmte Vorstellungen.

Die Texte, um die es bei uns geht, sind alle Teil eines um-
fangreicheren Buches, an dem ich gerade arbeite, und ich

habe beim besten Willen nicht damit gerechnet, dass sie überhaupt irgendjemand wirklich wahrnimmt. Dass mich Herr Graf nun in die Tradition deutschen Schreibens einreiht – ich muss sagen, es gibt nichts, was ich mir mehr wünschen würde, als genau dort gesehen zu werden –, das ist eine große, vielleicht zu große Ehre.

Natürlich ist etwas in der deutschen Literatur nach 1945 abgebrochen, das sie vorher ausgemacht hat. Anders als die britische und die französische Literatur ging die deutsche Literatur, die, wenn man an Hölderlin denkt, nicht ganz zufällig im Milieu von Pfarrersleuten entstanden ist, intensiv mit Religion, mit Theologie um. Das ist alles säkulare, oder wenn Sie so wollen, literarische Hermeneutik religiöser Texte – und bricht mit Paul Celan ab, hört bei jemandem auf, der von der Vorkriegsliteratur geprägt war, einer Literatur, die noch in den Himmel schaute, einen Himmel allerdings, der immer leerer wurde. Auf diese Tradition beziehe auch ich mich, und ich muss sagen, dass man sich in der Gegenwart mitunter sehr einsam fühlt, weil es nicht mehr viele Autoren gibt, die sich mit solchen Dingen beschäftigen. Das führt gelegentlich zu Missverständnissen, weil, als Folge des Traditionsabbruches, die Texte, auf die ich mich beziehe, nicht gekannt werden. Dann wirkt etwas, das eigentlich eine ganze Menge an Voraussetzungen beinhaltet, plötzlich provokant, als würde ich etwas erfinden oder neu sagen. Das ist jedoch gar nicht der Fall, denn ich antworte ja nur auf meine eigene Leseerfahrung.

Was in Rom hinzukam, das war die Bildwelt. Die war mir in der Tat fremd und hat, in ihrer Fremdheit, das religiös-ästhetische Erlebnis verstärkt. Wissen Sie, ich bin sehr geprägt von dem Ort, an dem ich aufgewachsen bin. Einerseits ist das ein aufgeklärter, frommer muslimischer Haushalt und andererseits meine Heimatstadt Siegen, eine Lebenswelt, die stark durch den Pietismus, den Calvinismus geprägt ist. Meine heutige Heimat Köln bot mir dagegen eine völlig neue Erfahrung des Christentums an und natürlich auch eine neue Erfahrung des Deutschen. Der Deutsche war für mich bis dahin eher der lustfeindliche, bilderlose, strenge, gerechte und pedantische Junge aus meiner Schulklasse. Dass man da nicht auf Caravaggio stößt, das ist klar. Dazu kommt, dass ich in Nordrhein-Westfalen aufgewachsen bin, in einem Schulsystem der 1970er Jahre, in dem man ein Abitur machen konnte, ohne ein einziges Mal in der Schule Goethe gelesen zu haben. Das war dieser Drang nach 1968, den Schwerpunkt nicht mehr auf klassische Bildung zu legen, und genau diese fehlte mir. Später habe ich sie mir selbst erarbeitet, aber das Italienische, die Antike – das war mir in diesen frühen Jahren wirklich fremd.

A. Mentzer: Ich würde gerne noch einmal auf die konkreten Bildbetrachtungen zu sprechen kommen. Was Sie damit machen und wie Sie das einlösen, was Friedrich Wilhelm Graf gesehen hat, dass Sie eben die Komplexität und den Spannungsreichtum dieser christlichen Symbolwelten einprägsam und präzise auf den Punkt gebracht haben – das ist bemerkenswert. Beim Petrusbild z. B. steht die Transzendenz des überhöhten Geschehens der bloßen Kreatürlichkeit des Petrus gegenüber. Oder genauer: Sie stellen diese Elemente nicht nur in Opposition zueinander, sondern beginnen mit dem Transzendentalen, dann kommt ein Schnitt, nämlich der Schmerz. Er verflucht seine Entscheidung, die zu dieser grausamen Kreuzigung führte. Was Sie damit tun, ist, dass Sie die Struktur der christlichen Erhabenheitsrhetorik, die eigentlich genau anders herum funktioniert, also vom Leib und seinem Leiden hin zur Transzendenz, auf den Kopf stellen. Ist das die Darstellung einer inneren Spannung, die sowohl in die eine, wie auch in die andere Richtung kippen kann? Zeigen Sie uns damit, wie kontingent die Strukturen eigentlich sind, entlang derer sich die christlichen Symbolwelten aufbauen?

F. W. Graf: Es ist offenkundig, wie ambivalent Religion funktioniert. Sie ist eine symbolische Sprache, die zur präzisen Selbstwahrnehmung führen kann, die aber häufig auch als eine Sprache der Entgrenzung in Anspruch genommen wird, etwa indem sich endliche Subjekte mit dem absoluten Objekt in eins setzen. Darin liegt die Grundambivalenz aller Religionen, dass sie nach beiden Seiten hin funktionieren können. Ich finde an den Texten Navid Kermanis wichtig, dass sie diese Widersprüchlichkeit ernsthaft in den Blick nehmen. Es wird darin immer darauf bestanden, dass es um den leidenden, um den sterblichen Menschen geht und nicht um einen davon ablösbaren, metaphysischen Gehalt.

A. Mentzer: Ist diese Körperlichkeit des Dargestellten ein Zielpunkt Ihrer Meditation gewesen? In Ihrem Buch „Du sollst" verknüpfen Sie kontrastreich die zentralen Aussagen des Dekalogs, die in den Überschriften auftauchen, mit sexuell stark aufgeladenen Erzählungen und Beschreibungen sehr drastischer Körperlichkeit. Ist das auch so ein Austarieren, wie Sie es in den Bildmeditationen versucht haben?

Navid Kermani: In all diesen Texten geht es um Gedanken zur Inkarnation, also um religiöse Motive, die ich als Schriftsteller nicht theologisch darstellen kann, sondern in der Alltagswelt, im realen Leben untersuche. Auch da stehe ich wieder in einer Reihe, die ich nicht erfunden habe: in der Tradition allen mystischen Schreibens. Ähnlich wie bei Hölderlin wird in diesen Texten das immanente Wahrnehmen des Metaphysischen versucht.

Es gibt aber noch etwas anderes: Wenn man alte Texte über Heilige liest, findet man immer auch das Banale, das Groteske, das Verrückte darin. In dem Augenblick, in dem man versuchen würde, Heiliges als Heiliges darzustellen, wäre es tot. Genau das macht die Kunst von Caravaggio aus, dass er all diese Vorgänge des Heiligen zu beschreiben vermag – aber eben auch die schmutzigen Fußsohlen. Oder wenn Sie z. B. die mystischen Heiligentexte hernehmen, da werden auch Kalauer gerissen, da wird der König abgewatscht.

Ich versuche eben diese Tradition des Schreibens aufzugreifen, weil man sich anders nicht darüber äußern kann. Wenn ich mich nur über das reine Erlebnis, das mir die Jungfrau bereitet hat, äußern wollte, dann wären diese Texte falsch, weil es in der Realität eben auch so war, dass Handys klingelten, jemand aufs Klo musste oder was auch immer. Es entsteht ein besonderer Augenblick, wenn man aus seinen Kontexten und Sicherheiten herausgerissen wird, aber zu diesem besonderen Augenblick gehört auch, dass man zwei Sekunden später schon wieder in einer ganz anderen Alltagswelt ist. Das ist etwas, was gerade die vormodernen Texte zu fassen bekommen haben. Das ist es, was Literatur, möchte sie nicht kitschig sein, meines Erachtens nach versuchen muss.

A. Mentzer: Herr Graf, Sie haben ja die Unterscheidung zwischen religiöser Subjektivität und theologischer Lehre stark gemacht. Wir sind, ob wir es wollen oder nicht, hier wieder beim Streit um den Hessischen Kulturpreis angekommen, wo diese beiden Elemente offensichtlich nicht zusammengesehen wurden. Wie kann denn eine Auseinandersetzung der theologischen Lehre mit solchen religiösen subjektiven Erfahrungen aussehen?

F. W. Graf: Ich möchte zunächst den Begriff der theologischen Lehre etwas präzisieren. Wir reden entweder von einem Dogmenbegriff, also einem Lehrbestand von religiösen Organisationen oder Institutionen. Oder wir haben einen ganz anderen Begriff von theologischer Lehre, nämlich den einer von den religiösen Organisationen institutionell entkoppelten, autonomen, theologischen Reflexionskultur. Es ist immer die Hoffnung gewesen, dass man das hauptamtliche Personal religiöser Institutionen und Organisationen in der Universität ausbilden könne, um damit der Volksfrömmigkeit mit so etwas wie einer Rationalität des Glaubens begegnen zu können. Der Pfarrer ist dann auch eine Art Sozialpolizist und soll dafür sorgen, dass der Volksglaube nicht allzu sehr über die Stränge schlägt. Das war, gerade im Protestantismus, eine wichtige Hoffnung, aber ob das wirklich funktioniert hat, darüber kann man streiten. Was heute und hier passiert, ist dagegen folgendes: Da schreibt jemand, dann kommen von allen Seiten Einwände, das sei dogmatisch nicht korrekt, und sofort haben wir ein Streitgespräch. Was in diesem Streit aber von Anfang an übersehen wird, ist, dass sich Intellektuelle in einer ganz anderen Rolle befinden als Amtsträger oder Repräsentanten mächtiger religiöser Institutionen oder Organisationen. Ich habe nicht verstanden, dass man meinte, Texte dieser Art an einer dogmatischen Korrektheitslatte messen zu müssen. Das ist eine Vermengung von Rollen und Positionen, die nicht geschehen sollte. Theologische oder theologisch inspirierte Literatur und Religionsdogmatismus fallen aus guten Gründen nicht zusammen. Die Theologiegeschichte der Moderne, also die Geschichte akademischer Deutung religiöser Symbole, ist immer ein Prozess von avantgardistischen Revolten und Kritikprozessen gewesen. Insofern finde ich, dass in dem aktuellen Fall die Vertreter der kirchlichen Institutionen

in theologiehistorischer Hinsicht nicht sehr gut informiert
waren.

A. Mentzer: Schauen wir doch einmal auf die Islamseite der
Diskussion. Navid Kermani, hätten Sie sich vorstellen
können, dass Sie ähnliche Texte über religiöse Inhalte des
Islam hätten schreiben können? Was für eine Diskussion
hätte das ausgelöst? Also mit der gleichen Betonung der
Körperlichkeit, mit der gleichen Betonung der Alltäglich-
keit?

Navid Kermani: Es gibt in der Tat viele Texte in der islamischen Tradition, die sich dessen annehmen. Attar, ein per-
sischer Dichter des späten 12. Jahrhunderts, ist viel drastischer als ich. Der holt Gott nicht nur auf die Erde sondern
in die Gosse, und beschimpft alles mögliche, was es an heiligen Dingen gibt – und das aus einer extrem religiösen Perspektive. In der Tat ist es heute aber so, dass solche Bücher
wie die von Attar nicht mehr geschrieben werden – und
wenn, dann aus einer nicht-religiösen Perspektive, das heißt
aus einer religionskritischen Perspektive. Aus der Religion
heraus über die Religion zu sprechen, das ist etwas, was
uns heute fremd geworden ist – und im Islam sowieso. Da
finden Sie diese Stimmen nicht mehr.

Ein Religionsverständnis, wie es heute herrscht, ist mir
sehr fremd, muss ich gestehen. Religionen reagieren heute
ein wenig wie Parteien: Was sagt das Christentum zu diesem? Oder was sagt der Islam zu jenem? Ob es um Gentechnik geht oder um Frauen, was auch immer – die Religion muss dir eine Antwort geben können zu all diesen
Dingen. Man muss jedoch fragen, ob Religionen sich dazu
überhaupt äußern sollten? Ich selbst schaue nicht in den
Koran oder die Bibel, um mir Gedanken zu machen, ob
ich Gentechnik gut oder schlecht finde.

In Rom, wo mir das Christentum auf eine ganz eigene und neue Weise nahegekommen ist, hab ich noch einmal verstanden, dass mir Religion als eine Lebensform wichtig ist, als etwas, das ein Leben bis in den Alltag hinein prägt. Es geht nicht um Wissen, um dogmatische Theologie, sondern um eine Form, das eigene Leben zu führen. In Rom kann es Ihnen passieren, dass sie in eine Kirche hinein gehen und in einer Gemeinschaft landen, die, wenn Sie so wollen, im schlimmsten soziologischen Sinn eine Parallelgesellschaft bildet, wie sie kein Innenminister zulassen dürfte.

Leider ist es keineswegs so, dass ich über dieses Versunken-Sein wie aus einer Binnenperspektive reden könnte. Im Gegenteil, ich bin ein Stück weit neidisch darauf. Ich schaue durch die Türen dieser Kirchen, aber ich bin nicht Teil dieses in der Religion aufgehobenen Lebens. Natürlich ist das die Sehnsucht, dass da etwas ein Leben begleitet, lenkt, und zwar auf nicht-hierarchische Art und Weise, indem es dem Leben Sinn und Freude gibt. Das habe ich in Rom an vielen Orten gesehen und dabei immer das Gefühl, dass es sich um etwas Universales handelt. Es geht um eine Erfahrung, die es in vielen oder in allen Religionen gibt, allerdings in unterschiedlichen Gewändern. Entscheidend aber ist: Die Religion muss ein solches Gewand haben, sonst wird sie Esoterik und damit austauschbar. Religion kommt ohne Tradition, die dieses Gewand hält und glaubwürdig und stabil macht, nicht aus. Das ist etwas, das, so glaube ich, heute verloren geht, dass Religion eigentlich eine Form ist, das Leben zu gestalten. Für mich jedenfalls dient sie, etwas plakativ ausgedrückt, als Fenster nach oben, im Sinne eines möglichen Wegs, und nicht als Fingerzeig nach unten, als Welterklärung.

A. Mentzer: Lassen Sie mich noch einmal auf diese Grenze zu sprechen kommen zwischen dem subjektiven Erleben von Glaubenswelten auf der einen und der ästhetischen Zumutung auf der anderen Seite. Können wir denn zu Recht sagen: „Hier ist eine Grenze überschritten worden?" Zwischen Navid Kermanis Texten und den dänischen Karikaturen ist doch erst einmal ein weites Feld. Wo verläuft die Linie? Oder muss der Glaube jeden subjektiven Umgang mit seinen Inhalten aushalten?

F. W. Graf: Diese Frage ist schwierig zu beantworten, weil man natürlich sagen kann, dass es in einer liberalen, modernen, offenen Gesellschaft, die das Grundrecht auf Meinungsfreiheit in die Verfassung geschrieben hat, keine Blasphemieschranken geben kann. Über alles soll dort gesprochen werden dürfen. Ich sehe jedoch, dass wir an diesem Punkt in allen europäischen Gesellschaften im Moment sehr viel Ratlosigkeit vorfinden und mitunter wird durch neue Religionsrechte ja sogar versucht, die Meinungsfreiheit zu kanalisieren. Aus der Perspektive der liberalen Gesellschaft muss hier natürlich ein Aufschrei erfolgen. Und dennoch: Es gibt, wie in allen anderen Dingen des Lebens, auch in Bezug auf Religion aus guten Gründen Grenzen und Schranken des Takts oder Anstands. Das gilt übrigens in beide Richtungen. Aggressive Glaubenskommunikation, wie wir sie in allen Religionen derzeit erleben, finde ich ebenso schwierig, weil auch sie den Umgang mit legitimer Differenz schwierig macht.

A. Mentzer: Sie haben in einem Text mal von der hermeneutischen Sensibilität geschrieben, die es braucht, um den individuellen Glaubensbezug zu erfassen. Könnte das nicht etwas sein, was wir brauchen? Ein Wohlwollen gegenüber einer eigentlich doch fremden Welt bzw. einer Welt, mit der man nicht in jedem Detail übereinstimmt.

F. W. Graf: Ich würde hier gerne drei Elemente unterscheiden: Es gibt erstens keine Erkenntnis ohne ein konstruktives Interesse. Wenn ich das andere nur wahrnehme, indem ich von vorneherein sage: „Ich glaube nicht, dass es da etwas Interessantes zu sehen gibt", muss ich mich eigentlich gar nicht erst um Wahrnehmung bemühen. Gewinnende Erkenntnis setzt immer voraus, dass ein Differenzmoment vorhanden ist, dass etwas Neues dabei herausspringen kann. Zweitens: Man muss überraschungsbereit sein. Es könnte ja sein, dass sich mir bisher etwas noch überhaupt nicht erschlossen hat. Und das dritte und vielleicht wichtigste: Zu hermeneutischer Sensibilität gehört es anzuerkennen, dass es Einsichten, Symbole, Texte gibt, die für andere Menschen existenziell wichtig sind, auch wenn sie für mich diesen Relevanzstatus nicht besitzen. Insofern finde ich, müssen wir die Debatten um Grenzen und Schranken immer unter der Prämisse führen, dass es für das Zusammenleben nicht gut sein kann, vorsätzlich zu beleidigen. Wir erleben immer wieder eine fatale Folge der Globalisierung des Religiösen, wenn kulturübergreifend Inszenierungs- und Mobilisierungskampagnen in Stellung gebracht werden. Es tragen manche religiöse Akteure durch Gedankenlosigkeit dazu bei, und ihre Konkurrenten versuchen das dann gezielt auszunutzen. An diesem Punkt hat sich die religiöse Kommunikation verändert und auf dem Religionsmarkt ist der Wettbewerb härter geworden.

A. Mentzer: Was kann die Besinnung auf die ästhetische Dimension von religiösen Gehalten zur Entwicklung der Religionsgeschichte beitragen? Sind das vielleicht doch nur subjektive Randbemerkungen?

F. W. Graf: Nein, ganz im Gegenteil. Lassen Sie mich abschließend noch einmal auf die Moralisierung des Religiösen zu-

rück kommen. Das ist eine fatale Entwicklung. Schleiermacher hat Zeit seines Lebens daran gearbeitet, Metaphysik,
Moral und Religion auseinanderzuhalten. Es tut der Religion nicht gut, wenn sie in Kleinbürgermoral verwandelt
wird. Das Christentum ist keine Erfüllung für Sozialpädago-
gen und ist mehr als die Legitimation einer bestimmten So-
zialstaatskonstruktion. Das größte Problem der religiösen
Akteure ist die Kommunikation. Sie reden gern politisch
und beteiligen sich an allen möglichen anderen Dingen. Deshalb sind sie froh, dass sie z. B. in der Biopolitik ein neues
Diskussions- und Aktionsfeld gefunden haben, anstatt den
Leuten erklären zu müssen, wie es sich denn nun mit der
Auferstehung Christi verhält.

In dieser Situation kann die ästhetische Kommunikation
vermittelt dazu beitragen, den religiösen Akteuren wieder
ihre eigentlichen Kommunikationsaufgaben zu vergegen-
wärtigen. Dabei geht es natürlich nicht nur um das Intellektuelle. Es gilt auch, darauf hinzuweisen, dass wir es mit ge-
nuin religiösen Erfahrungen zu tun haben, die nicht in
einem pragmatischen und eigentlich weltlichen Sinne
durchgängig erklärt werden können. Das Ästhetische ist in
diesem Sinne wirklich eine Herausforderung, eine offene
und autonome Kommunikationsform, die sich eben nicht
durch irgendwelche institutionellen Akteure steuern lässt.

Autorinnen und Autoren

Lale Akgün studierte Medizin und Psychologie in Marburg. Sie war mehr als 15 Jahre als Psychologin in der Familienberatungsstelle der Stadt Köln tätig, wo sie hauptsächlich mit Immigrantenfamilien türkischer Herkunft arbeitete. Von 1997 bis 2002 war sie Leiterin des Landeszentrums für Zuwanderung Nordrhein-Westfalen. Von 2002 bis 2009 war Lale Akgün Mitglied des Deutschen Bundestages und stellvertretende Europa- und Migrationspolitische Sprecherin sowie Islambeauftragte der SPD-Bundestagsfraktion.

José Casanova ist Professor am Department of Sociology an der Georgetown University in Washington D.C. und leitet dort das „Program on Globalization, Religion and the Secular" am Berkley Center. Er hat zahlreiche Arbeiten zu einer breiten Palette an Themen veröffentlicht: von Religion und Globalisierung, über Migration und religiösen Pluralismus, bis hin zu transnationalen Religionen und soziologischer Theorie. Sein bekanntestes Buch, „Public Religions in the Modern World", wurde in zahlreiche Sprachen übersetzt, einschließlich des Arabischen und des Indonesischen.

Dan Diner ist Professor für Neuere Geschichte an der Hebrew University of Jerusalem und Direktor des Simon-Dubnow-Instituts für Jüdische Geschichte und Kultur an der Universität Leipzig, außerdem Professor am Historischen Seminar der Universität Leipzig. Er ist Ordentliches Mitglied der Philologisch-historischen Klasse der Sächsischen Akademie der Wissenschaften zu Leipzig und Autor zahlreicher Publikationen zur europäischen Geschichte des 20. Jahrhunderts, des Vorderen Orients, der deutschen Geschichte, insbesondere des Nationalsozialismus und des Holocaust sowie der jüdischen Geschichte.

Nilüfer Göle ist Professorin für Soziologie an der École des Hautes Études en Science Sociales in Paris. Sie lehrte unter anderem an der Boğaziçi Universität in Istanbul, an der Michigan University und am Massachusetts Institute of Technology und forscht über das Verhältnis von Islam und moderner Öffentlichkeit aus einer europäisch vergleichenden Perspektive. 2008 erschien „Anverwandlungen. Der Islam in Europa zwischen Kopftuchverbot und Extremismus" in deutscher Sprache. Die Autorin ist eine der Preisträgerinnen des ERC-Förderprogramms der Europäischen Union.

Michael Göring ist seit 1997 geschäftsführendes Mitglied, seit 2005 geschäftsführender Vorsitzender des Vorstandes der ZEIT-Stiftung Ebelin und Gerd Bucerius in Hamburg. Seit 2001 leitet er zusätzlich als Honorarprofessor die Forschungsstelle Stiftungswesen am Institut für Kultur- und Medienmanagement der Hochschule für Musik und Theater in Hamburg. Er ist Mitglied von Aufsichtsrat und Kuratorium der Bucerius Law School und Vorsitzender des Kuratoriums des Bucerius Kunst Forums. Seit 2008 ist er Vorstandsmitglied im Bundesverband Deutscher Stiftungen. 2009 erschien seine jüngste Publikation „Unternehmen Stiftung".

Friedrich Wilhelm Graf ist seit 1999 Professor für Systematische Theologie und Ethik an der Ludwig-Maximilians-Universität München. Er studierte Evangelische Theologie, Philosophie und Geschichte an den Universitäten Wuppertal,

Tübingen und München und war Professor für Systematische Theologie und neuere Theologiegeschichte an der Universität Augsburg und Professor für Evangelische Theologie
und Sozialethik an der Universität der Bundeswehr in Hamburg. Friedrich Wilhelm Graf ist Mitglied der Bayerischen
Akademie der Wissenschaften und Autor und Herausgeber
zahlreicher Publikationen an der Schnittstelle von Theologie, Geschichte, Kultur und Gesellschaft.

Hans Joas ist Leiter des Max-Weber-Kollegs für kultur- und
sozialwissenschaftliche Studien der Universität Erfurt sowie
Professor am Department of Sociology der University of
Chicago, wo er auch zum Committee on Social Thought gehört. Zu seinen jüngeren Publikationen gehören „Sozial-
theorie" (2004) und „Kriegsverdrängung" (2008), beide
herausgegeben mit Wolfgang Knoebl, sowie „Braucht der
Mensch Religion?" (2004). Zusammen mit Klaus Wiegandt
ist Hans Joas außerdem der Herausgeber von „Die kulturellen Werte Europas" (2000) und „Säkularisierung und die
Weltreligionen" (2009).

Navid Kermani ist habilitierter Orientalist und lebt als freier
Schriftsteller in Köln. Von 2000 bis 2003 war er Long
Term Fellow am Wissenschaftskolleg zu Berlin, danach arbeitete er als Regisseur und Kurator für außergewöhnliche
Veranstaltungen am Schauspielhaus Köln. Das Jahr 2007
verbrachte er als Stipendiat der Villa Massimo in Rom, im
Oktober 2009 berief ihn das Kulturwissenschaftliche Institut Essen zum Senior Fellow und im Sommersemester 2010
hielt er die Frankfurter Poetikvorlesungen. Für sein aka-
demisches und literarisches Werk ist Navid Kermani mehrfach ausgezeichnet worden, zuletzt 2009 mit dem Hessischen Kulturpreis. Er ist Mitglied der Deutschen Akademie
für Sprache und Dichtung und der Akademie der Wissen-

schaften in Hamburg. Zuletzt erschien: „Wer ist Wir?
Deutschland und seine Muslime" (2009).

Hartmut Lehmann studierte Geschichte und benachbarte Fä-
cher in Tübingen, Bristol, Wien und Köln. Nach der Pro-
motion 1959 in Wien und der Habilitation 1967 in Köln
war er von 1969 bis 1993 Professor für Mittlere und Neuere
Geschichte in Kiel und von 1993 bis 2004 Direktor am
Max-Planck-Institut für Geschichte in Göttingen. Von
1987 bis 1993 leitete er als Gründungsdirektor das Deutsche Historische Institut in Washington, D.C. Forschungs-
aufenthalte und Gastprofessuren führten ihn mehrfach in
die USA und nach Australien. Hartmut Lehmann ist u. a.
Herausgeber der Serie „Bausteine zu einer europäischen Religionsgeschichte im Zeitalter der Säkularisierung". In den
letzten Jahren publizierte er „Säkularisierung. Der europäische Sonderweg in Sachen Religion" (2004, 2. Aufl. 2007),
„Transformationen der Religion in der Neuzeit. Beispiele
aus der Geschichte des Protestantismus" (2007), „Die Entzauberung der Welt. Studien zu Themen von Max Weber"
(2009) und „Religiöse Erweckung in gottferner Zeit. Studien zur Pietismusforschung" (2010).

Roland Löffler ist Leiter des Themenfeldes „Trialog der Kulturen" bei der Herbert Quandt-Stiftung in Bad Homburg.
Nach dem Studium der Evangelischen Theologie und Philosophie in Tübingen, Berlin, Cambridge und Marburg sowie Forschungsaufenthalten im In- und Ausland arbeitete er
von 2002 bis 2004 als Vikar der Evangelischen Kirche. Von
2005 bis 2006 war Roland Löffler als Wissenschaftlicher
Mitarbeiter an der Universität Marburg beschäftigt, wo er
2005 promoviert wurde. 2006 übernahm er eine Gastpro-
fessur an der Université de Montreal. Seit 1997 arbeitet er
außerdem als freiberuflicher Journalist unter anderem für

Neue Zürcher Zeitung, Süddeutsche Zeitung, Rheinischer Merkur.

Alf Mentzer studierte Anglistik und Amerikanistik, Philosophie und Geschichte in Bonn, Cambridge/Massachusetts und Frankfurt am Main und wurde mit einer Arbeit über „Die Blindheit der Texte" (2001) promoviert. Er leitet die hr2-Literaturredaktion beim Hessischen Rundfunk in Frankfurt a. M. Zusammen mit Peter Kemper und Ulrich Sonnenschein ist er Herausgeber von „Wozu Gott? – Religion zwischen Fundamentalismus und Fortschritt" (2009).

Christian Peters ist Forschungskoordinator am Zentrum für Sozialpolitik der Universität Bremen. Nach dem Studium der Philosophie und der Sozialwissenschaften in Heidelberg, San Francisco, Hamburg, Berlin, Dresden und Paris wurde er an einem deutsch-französischen Graduiertenkolleg mit einer vergleichenden Arbeit über Hauptstadtarchitekturen promoviert. Bis 2009 war er bei der ZEIT-Stiftung Ebelin und Gerd Bucerius in Hamburg als wissenschaftlicher Referent beschäftigt.

Clauß Peter Sajak ist Professor für Religionspädagogik an der Katholisch-Theologischen Fakultät der Universität Münster. Er studierte Katholische Theologie, Germanistik, Philosophie und Erziehungswissenschaften in Bonn und Freiburg i. Br. Einer seiner Forschungsschwerpunkte ist die Didaktik und Methodik des interreligiösen Lernens. Clauß Peter Sajak ist Autor unter anderem von „Das Fremde als Gabe begreifen. Auf dem Weg zu einer Didaktik der Religionen" (2005 und [2]2010), „Kippa, Kelch, Koran – Interreligiöses Lernen an Zeugnissen der Weltreligionen" (2010) und Herausgeber von „Trialogisch Lernen. Bausteine für interkulturelle und interreligiöse Projektarbeit" (2010).

Wolfgang Schäuble ist seit 2009 Bundesminister der Finanzen. Der promovierte Jurist ist seit 1972 Mitglied des Deutschen Bundestages, war von 1981 bis 1984 Parlamentarischer Geschäftsführer der CDU/CSU-Bundestagsfraktion, von 1984 bis 1989 Bundesminister für besondere Aufgaben und Chef des Bundeskanzleramtes und leitete von 1991 bis 2000 die CDU/CSU-Bundestagsfraktion als Vorsitzender. 2005 wurde Wolfgang Schäuble zum zweiten Mal nach 1989 zum Bundesminister des Innern berufen. In seine Amtszeit fällt u. a. die Einrichtung der Deutschen Islam Konferenz, der ersten längerfristig und auf Bundesebene angelegten Dialogeinrichtung zwischen staatlichen und muslimischen Vertretern. Der engagierte Protestant ist Autor zahlreicher Bücher. 2009 erschien „Braucht unsere Gesellschaft Religion? Vom Wert des Glaubens".

Ulrich Schnabel arbeitet seit 1993 als Wissenschaftsredakteur für die Wochenzeitung DIE ZEIT in Hamburg. Er studierte Physik und Journalismus in Karlsruhe sowie in Berlin und beschäftigt sich seither als Journalist und Buchautor mit einer Vielfalt von Themen – von der Astronomie bis hin zur Hirnforschung. Für seine Arbeit wurde Ulrich Schnabel mehrfach ausgezeichnet, u. a. mit dem Georg von Holtzbrinck Preis für Wissenschaftsjournalismus. 2008 veröffentlichte er „Die Vermessung des Glaubens", worin das kontroverse Verhältnis zwischen Religion, Neurowissenschaft und Evolutionsbiologie untersucht wird. 2010 erscheint „Muße. Die Wissenschaft vom Nichtstun".

Herbert Schnädelbach promovierte und habilitierte sich in Frankfurt am Main bei Theodor W. Adorno und Jürgen Habermas, wurde dort 1971 zum Professor ernannt und 1978 an die Universität Hamburg sowie 1992 an die Humboldt-Universität zu Berlin berufen. Seit 2002 ist er emeritiert. Neben zahlreichen Fach-Veröffentlichungen erschien 2009 sein Buch „Religion in der modernen Welt", das seine jüngeren religionskritischen Texte enthält.

Wolfram Weiße ist Direktor der Akademie der Weltreligionen der Universität Hamburg und Professor für Erziehungs-wissenschaften an der Universität Hamburg. Seit 2006 koordiniert er das von der Europäischen Union geförderte Forschungsprojekt REDCo (Religion in Education. A con-tribution to Dialogue or a factor of Conflict in transfor-ming societies of European Countries). Wolfram Weiße publizierte zahlreiche Bücher über Erziehung und interreli-giösen Dialog.